Thomas Widmer
Schweizer Wunder

Thomas Widmer

Schweizer Wunder

Ausflüge zu kuriosen
und staunenswerten Dingen

Echtzeit Verlag

Wunder – ein schillerndes Wort

Es soll Leute geben, die sich nie wundern über das, was ihnen begegnet. Sie bleiben cool. Ich gehöre nicht zu ihnen – im Gegenteil. Seit Jahren bin ich in der Schweiz als journalistischer Wanderer für meine Kolumne im TAGES-ANZEIGER, im BUND und in der SCHWEIZER FAMILIE unterwegs, und was ich dabei sehe, fesselt, packt, begeistert mich ein ums andere Mal.

Aus dieser Gemütslage ist das vorliegende Buch entstanden, das ich als Ausflugsbuch betrachte. Als Ideengeber. Als angewandte Lebenshilfe. Es schlägt nämlich vor, dass wir uns als Erwachsene eine kindliche Entdeckerfreude bewahren. Überall im Land gibt es Wunder, die aufzusuchen sich lohnt – das will ich zeigen.

Das Wort «Wunder» schillert. Was ich zuletzt meine, ist Übersinnlichkeit; ich bin weder ein religiöser Schwärmer noch ein Esoteriker. Wunder sind für mich Dinge der Natur, der Geografie und der Geologie, der Geschichte und der Gegenwart, die wunderbar und wundervoll sind, also irgendwie aus dem Normalen herausragen. Oder aber Dinge, die den *Gwunder* wecken, die Neugier. Wieder anderes am Weg ist vielleicht eher wunderlich. Kurios, ja befremdlich.

Wieso ist denn aber das Matterhorn nicht im Buch? Und auch nicht der Rheinfall? Das sind doch erstklassige Wunder! So mag jemand einwenden. Bloss braucht man diese Sorte Wunder nicht zu propagieren, sie sind Tourismusstoff und stehen in jedem Reiseführer. Ich habe mich auf die Wunder konzentriert, die weniger bekannt sind, die zum Beispiel dem einen Teil des Landes neu sind, während der andere sie durchaus kennen mag. Ein St. Galler weiss in der Regel nichts vom Jürgensen-Turm bei Les Brenets. Viele Jurassier dürften ihn hingegen bestiegen haben.

Wie gesagt, wollen meine Wunder inspirieren, man gehe hin und schaue. Die meisten von ihnen sind leicht erreichbar; in diesen Fällen verzichtete ich im Text auf genauere Hinweise. Wo es nötig ist, liefere ich Angaben; auch sind da die Koordinaten zu jedem Eintrag. Selten erlaubte ich mir in meiner langen Liste dann auch die Aufnahme eines Wunders, das nicht besuchbar ist, weil es rein sprachlich ist. Oder das nicht mehr existiert, wie der verlandete Tuggenersee. Die Fantasie kann ihn wiederbeleben. Postieren wir uns auf dem Buechberg bei Tuggen und kneifen wir die Augen zu und stellen uns das Gewässer vor! Voilà, da ist der See wieder, wie ihn der Zürcher Stadtarzt Konrad Türst um 1500 auf seiner berühmten Karte einzeichnete.

Aber das sind Ausnahmen. Die meisten Wunder dieses Buches sind, wie gesagt, sehr real und laden ein zur Visite vor Ort. Ein Wort nun noch zu den Quellen. Einige wenige Wunder stammen aus meinen drei früheren «Zu Fuss»-Wanderführern; dort waren sie sozusagen Nebenpersonen, nun spielen sie die Hauptrolle. Viele andere Wunder habe ich aus meinem täglichen Blog «www – Widmer wandert weiter» importiert. Dazu fand ich in den Artikeln und Büchern anderer Schreiber viel Material.

Dank geht an meine Verleger Wendelin Hess und Markus Schneider und ihr Team. An alle meine Leserinnen und Leser über die vielen Jahre. Und an die Freundinnen und Freunde meines Wandergrüppleins «Fähnlein Fieselschweif». Mit ihnen kann ich mich immer wieder wundern. Wir haben die Lust des Schauens und Ergründens auch nach Hunderten Unternehmungen zu Berg und Tal, in Stadt und Land nicht eingebüsst.

Ein Letztes noch: Beim Schreiben war mir von Anfang an klar, dass die Liste dieses Buches nicht vollständig sein kann. Wer mir ein Wunder irgendwo in der Schweiz empfehlen kann, das ich übersehen habe, erreicht mich auf widmerwandertweiter@yahoo.de. Ich freue mich über Anregungen, das Abenteuer soll weitergehen.

Koordinaten spielen in diesem Buch eine wichtige Rolle. Zwei Zahlen stehen über jedem Eintrag und bestimmen seinen geografischen Ort. Bei der ersten Zahl handelt es sich um den Breitengrad, bei der zweiten um den Längengrad. Das digitale Format heisst *World Geodetic System 1984*. Wer mehr zu den mathematischen Grundlagen wissen will, findet in der deutschen WIKIPEDIA einen ausführlichen Artikel.

Was aber kann man mit einer Angabe wie zum Beispiel «46.21640 6.14718» tun; es ist die über dem Eintrag zu Genfs Kugelkirche Sainte-Trinité. Man kann die Angabe googeln und kommt zu einer Karte samt der Adresse der Kirche. Auch auf map.search.ch, GOOGLE MAPS und bei anderen Diensten kann man die Koordinaten eingeben. Den Komfort des Bundesamtes für Landestopografie geniesst man auf map.geo.admin.ch. Dort führt das Fenster unten rechts übrigens zur Kartendarstellung als Luftbild; exakt darauf basieren die Illustrationen zu diesem Buch.

Schade, dass die Karte auf map.schweizmobil.ch keine WGS-84-Daten akzeptiert. Ihre Suchfunktion basiert auf den SWISSGRID-Koordinaten. Ein grosses Problem ist das nicht. Es gibt im Internet Umrechnungsdienste, etwa diesen: www.giangrandi.ch/soft/swissgrid/swissgrid.shtml.

Thomas Widmer, im Frühling 2016

Vorwort — 5
Die 184 Wunder — 11 bis 245

Index nach Orten — 247
Aargau und Zürich — 247
Benachbartes Ausland — 248
Bern und Freiburg — 249
Graubünden und Tessin — 250
Jurabogen, Basel und Schaffhausen — 251
Ostschweiz mit Glarus — 252
Romandie und Wallis — 253
Zentralschweiz — 254

Index nach Themen — 255
Bauwerke — 255
Familienausflüge — 256
Geschichte — 258
Kirchen, Klöster und Heilige — 258
Kurioses und Spezielles — 259
Menschen — 261
Natur — 262
Schlechtwetterausflüge — 263
Sprachliches — 264
Vorzeit — 265

46.83304 📍 7.15347
Die Magdalena-Einsiedelei nah Düdingen (FR)

Man stelle sich die Herren Johann Dupré und Johann Liecht vor, wie sie eines frühen Morgens im Jahr, sagen wir, 1688 über ihrem Habermus die übliche Arbeitsbesprechung abhalten. Dupré ist der Chef, das ist ebenso bezeugt wie Liechts Gehilfenstatus. Und also spricht Dupré zu Liecht: «Johann, heute schachten Sie weiter am grossen Saal. Ich für mein Teil will draussen auf der Gartenterrasse mit dem Jäten vorwärtsmachen.» Liecht denkt: «Oh nein! Wie gestern und vorgestern schon. Ich muss bei dem schönen Wetter im Dunkeln arbeiten, und der Dupré hat draussen die Sonne und den Blick auf die Saane.»

So weit das Spiel der Fantasie. Gesichert ist, dass Dupré und Liecht in den 28 Jahren von 1680 bis 1708 aus der unscheinbaren Felsklause St. Magdalena südwestlich von Düdingen eine grossartige Anlage schufen; Dupré sei dann in der Saane ertrunken, als er einige ihn besuchende Studierende begleitete, heisst es. Die Landschaft ist gewaltig. Nah der Stadt Freiburg fliesst die Saane in einem tiefen Graben, den senkrechte Sandsteinwände begrenzen; es ist dies die Voraussetzung für die Aufstauung des Flusses in den 1960er Jahren, die den Schiffenensee erzeugte, über dem die Einsiedelei heute liegt. Ebenfalls unserer Moderne enstammt natürlich die A12, die just an dieser Stelle den See quert und mit ihm den Röstigraben: Granges-Paccot auf der Westseite, Düdingen samt dem zur Einsiedelei vorgeschobenen Weiler Räsch auf der Ostseite. Schon für das Jahr 1609 ist zu St. Magdalena ein «Waldbruder» bezeugt. Durch Dupré und Liecht mutierte die simple Behausung zur 120 Meter langen Kavernenflucht, die man zwischen Frühling und Herbst besichtigen kann. Stören wird man nicht, denn der letzte Eremit ist längst entschwunden. Es reihen sich Stall, Sakristei, Kapelle, Hauptaltarraum, Heizraum, Küche, Grosser Saal, Werkstatt, Stube, Kammer, Keller und vieles mehr aneinander. An einigen Stellen gibt es Treppen, die weichen Sandsteinwände sind voller Ritzgraffiti, von der paradiesisch grünen Gartenterrasse geht der Blick Richtung Freiburg und auf den Schiffenensee, die Autobahn stört mässig. Den Boden der Anlage bildet wellenartig geformter Sandstein. Es handelt sich um 20 Millionen Jahre alte fossile Sanddünen eines einstiges Meeres. Ist das nicht wunderbar?

Wie hinkommen? Auf der Homepage von Düdingen-Tourismus findet man einen Prospekt. Der Weg zu Fuss ist vom Bahnhof Düdingen aus beschildert,

Gehzeit zur Einsiedelei knapp anderthalb Stunden. Auf der Wanderkarte 242T «Avenches» (1:50 000) ist sie eingezeichnet.

46.17319 7.41710

Die Erdpyramiden von Euseigne (VS)

Fährt man mit dem Bus von Sion nach Euseigne, kann man die Erdpyramiden nicht verfehlen. Denn erstens haben die Strassenbauer den Pyramidenriegel im abschüssigen Hang mit einem kurzen Tunnel durchbohrt. Barbaren! Und zweitens gibt es eine Haltestelle Pyramides. Man steigt direkt am Phänomen aus; da ist auch ein Weglein, auf dem man absteigen und noch näher gelangen kann. Diese schlanken, hohen Pfeiler, das ist Naturgotik! Auf manchen sitzen wie überdimensionierte Kiesel flache Steine. Erdgeschichtlich entstanden die Pyramiden so: Vom einstigen Gletscher blieb eine steile, betonharte Mittelmoräne. Wasser, Wind, Erosion setzten ihr zu, so dass Teile abgetragen wurden. Dort, wo auf der Wand Steine hockten, blieb sie intakt – es resultierten Pfeiler. Manche dieser Pfeiler haben ihren Stein später abgeschüttelt, andere tragen ihn als kecken Hut. Dem Betrachter kommt es vor, als sei er in der Urlandschaft Kappadokiens.

46.58475 📍 7.08403

Die abgeschnittene Hand von Greyerz (FR)

Eine rechte Hand, am Gelenk abgetrennt. Von einer sauberen Schnittfläche kann man nicht reden, das franst sozusagen aus. Und ist da eine Bandage um die bräunliche, recht elegant, ja weiblich wirkende Hand – oder trug die Person einen Handschuh? Man kommt ins Spekulieren, wenn man auf Schloss Greyerz in der Ausstellung die «main coupée» entdeckt, wie sie auf Französisch heisst. Das ist nicht erst heute so, immer neue Theorien blühten durch die Jahrhunderte auf. Einst meinte man, die Hand stamme aus dem Heiligen Land, Kreuzzug-Teilnehmer aus dem Greyerzerland hätten sie ums Jahr 1100 quasi als Souvenir mitgebracht. Oder hat die Hand mit einem Scharmützel des Jahres 1476 zu tun, im Pays d'Enhaut, dem Waadtländer Oberland; damals trafen Burgunder und Savoyer auf Greyerzer. Wurde einem der Soldaten die Hand abgerissen? Des weitern heisst es auch, da im selben Jahrhundert Schloss Greyerz brannte, die Hand gehöre einem Menschen, der damals in den Flammen umkam. Auch die deliktische Theorie kursiert, der zufolge ein Dieb ertappt wurde; man hackte ihm die Hand ab. Und die Hexenvariante ist *last, not least* zu nennen, wonach eine Unglückliche auf dem Scheiterhaufen endete; ihre Hand aber habe die Flammen überstanden. 2003 – wir folgen der Darstellung des Museums – untersuchte ein Spezialist die Hand. Klarer Befund: ägyptische Mumie! Klassisch bandagiert, wie man das bis lange nach Christi Geburt machte. Mit Sorgfalt, so dass man auf ein Mitglied der Oberschicht schliessen darf. Und es handelt sich um eine Männerhand, deren Kleinheit auf die Schrumpfung im Mumifizierungsprozess zurückgeht. Die Abtrennung erfolgte zu einem nicht bestimmbaren Zeitpunkt durch ein eher stumpfes Objekt. Auch versuchte man irgendwann, die Bandagen zu entfernen, was beim Ringfinger gelang, nicht aber beim Mittelfinger, der dabei beschädigt wurde. Wie die Hand nach Greyerz kam, ist nicht überliefert. Das ganze Mittelalter hindurch pulverisierte man jedenfalls Mumien zu Staub, der angeblich gegen alle Arten von Krankheiten half; ein mumifizierter Körperteil war viel wert. Später, nach Napoleons Ägyptenabenteuer, wurde das Ägyptische sowieso Mode; viele reiche Leute sammelten Pharaonisches aller Art. So mag es auch in diesem Fall gewesen sein.

Soll man nun allein der Hand wegen nach Greyerz reisen? Kaum. Das ist ja aber das Städtchen auf dem Hügelsporn; es sieht mit dem krönenden Schloss derart märchenhaft aus, dass man meinen könnte,

Hollywood habe es als Filmkulisse gebaut. In der Altstadt findet man zudem etwas grausam Neuzeitliches, nämlich das Museum HR Giger des gleichnamigen, mittlerweile verstorbenen Bündner Regisseurs, der die Alien-Welt mitkreierte und einen Oscar bekam. Wer nach all der Düsternis schwer atmet, dem sei empfohlen, auf den Freiburger Hausberg Moléson zu fahren, der unweit das Greyerzerland überragt. (Siehe auch Eintrag «Nouthra Dona di Maortsè in Broc» Seite 79.)

47.03304 7.94359

Das Pyramidli vom Napf
(LU)

Die Luzerner haben auch eine Pyramide. Nun gut, sie ist winzig. Aber eindrücklich ist sie! Man kommt an ihr vorbei, wenn man vom Napf nach Hergiswil bei Willisau hinabwandert, und zwar auf der Höhe des Mülibüels (auf der Wanderkarte 1:50 000 «Willisau» suche man den Punkt am Fuss der Pyramide mit der Höhenangabe 985 Meter auf dem Wanderweg). Das unheimlich ebenmässig geformte Ding löst Fantasien aus: Eine Schar alter Ägypter stiess einst in der 25. Dynastie unter Führung von Pharao Ap-en-teu-ar bis nach Helvetien vor. Als nun der Pharao traurigerweise in der Fremde starb, errichteten ihm seine Leute ein angemessenes Grabmal. Dass die Pyramide über die Jahrtausende von Gras überwuchert wurde, erwies sich als Vorteil. Anders als im Tal der Könige und anderswo in Ägypten kamen im Luzernischen keine Grabräuber zum Zuge. Archäologen, nehmt mal die Schaufel in die Hand, tutanchamuneske Funde warten!

46.94730 📍 7.45162

Die Stimme vom Berner Münster
(BE)

Selten dringt einem abseits der Literatur und des offiziellen Schrifttums eine Stimme aus einem weit zurückliegenden Jahrhundert derart persönlich und emotional ans Ohr wie die von Erhart Küng. Es ist, als lache er einem zu, als höre man ihn reden. Oder ist es doch ein anderer, der spricht? Küng war Deutscher, wurde 1420 im Westfälischen geboren, lernte Steinmetz und brachte es in seiner Kunst zu Grösse. In Bern liess er sich nieder, arbeitete am Münster, wurde 1483 zum Münsterbaumeister auf Lebzeit ernannt. Von ihm stammt wahrscheinlich die Inschrift auf einer Sandsteinplatte an einem Pfeiler des Münsters; eine Kopie übrigens, das Original findet man im Bernischen Historischen Museum. «Machs na» steht auf der Platte in verschnörkelter, schwer lesbarer Schrift.

Mach es nach! Der Stolz des Meisters in zwei Silben konserviert für die Ewigkeit.

PS: In Engen, 20 Kilometer von Schaffhausen entfernt im Baden-Württembergischen gelegen, steht die Stadtkirche Mariä Himmelfahrt. Eine spätromanische Basilika. Über dem Portal hat sich der Maurer und Steinmetz von einst verewigt: «Diz machat ane Swere Rudolf der Murere.» Dies machte ohne Schwierigkeiten Rudolf der Maurer: ebenfalls ein Beispiel frühen alemannischen Berufsstolzes.

47.28914 8.89783

Der Bachtelspalt im Zürcher Oberland (ZH)

Wenn man von Wald via Tänler auf den Bachtel steigt, kommt man eine gute halbe Stunde vor dem Gipfel zum Bachtelspalt. Er ist ein berühmter Kinderschreck. Und man könnte ihn auch brauchen, um zu messen, ob eine Diät anschlägt. Am 25. August 1939 habe sich der Spalt bei einem heftigen Sommergewitter gebildet, steht auf der Homepage des Bachteldorfes Wernetshausen. 50 Meter lang und gut acht Meter tief ist er und zuvorderst an der engsten Stelle nur 40 Zentimeter breit, um sich dann etwas auszuweiten. Weil die offene Nagelfluh schmutzt und feuchtelt, ziehe man für die Mutprobe nicht gerade die schönsten

Kleider an. Leute mit Platzangst verzichten aber besser auf die Begehung, die ein Durchzwängen ist. Sie können immerhin auf dem Parallelweglein den Spalt entlangziehen und gruselnd hineinlinsen.

46.93863 9.10299

Die Kärpfbrücke auf der Mettmenalp
(GL)

Der Stausee Garichti ist erreichbar per Seilbahn vom Kies nah Schwanden. Am Wanderweg zur Leglerhütte findet sich bei Ober Stafel die Kärpfbrücke. Ein Naturtunnel, gegraben vom Niederenbach, der weiches Gestein wegfrass, hingegen mit dem harten darüber Mühe hatte. Bei Niedrigwasser ist der 50 Meter lange, 10 Meter breite, drei, bis vier Meter hohe Tunnel begehbar. Hinweis für Abenteurer: Bis zum Sommer warten! Und die Taschenlampe mitnehmen!

47.17786 9.12891

Das Schneeloch auf Oberchäseren
(SG)

Von Amden gibt es zwei Wanderwege zur Alp Oberchäseren. Der eine Weg via Durschlegi umkurvt den Mattstock in einer Linksschleife, der andere Weg via Hinter Höhi vollzieht eine Rechtsschleife um denselben Berg. Für gewöhnlich hält man in beiden Fäl-

len Richtung Speer. Auf Oberchäseren, 1651 Meter über Meer, kann man im Angesicht dieses höchsten Nagelfluhberges Europas einkehren. Im Keller haben die Alpleute ein Schneeloch. Vier auf fünf Meter misst es in Breite und Länge, ist drei Meter tief und wird jeden Frühling mit ein paar Schubkarrenladungen Schnee gefüllt. Dieser kühlt den Sommer hindurch Butter, Rahm und andere Dinge und hält für gewöhnlich bis in den September, wenn die Alpsaison endet. So ein Schneeloch sollte im Prinzip jeder hiesige Haushalt haben.

47.00751 6.97166

Der erste Lächler im Laténium

(NE)

Das erste Gesicht der Schweiz kann man in Hauterive bei Neuenburg besichtigen. Es lächelt. (Siehe auch Eintrag «Der Sonnengott von Falera» Seite 206.) Der Menhir – das Wort bezeichnet aufgerichtete Einzelsteine der Prähistorie – ist drei Meter hoch und drei Tonnen schwer und steht im Museum Laténium am Neuenburgersee. 1996 beim Autobahnbau in der Gegend wurde der Stein aus der Erde geborgen. Er datiert vom Anfang der Jungsteinzeit, von circa 4500 vor Christus. Die Nase ist lang, der Mund klein, und ist da ein Bart? Die Hände sind an den Schultern befestigt, die Finger einzeln ausgearbeitet. Die Brust hinab sieht man Rippen; allenfalls handelt es sich auch um einen Harnisch. Die Gesichtszüge dürften spätere Jungsteinzeitler eingemeisselt haben.

Museumsdirektor Marc-Antoine Kaeser erklärt den Hintergrund der Figur, die aus einer Zeit stammt, als erste Bauern den Jägern und Sammlern zur Seite traten: Die Menschen hätten damals in der Jungsteinzeit (siehe auch Eintrag «Das Alignement von Clendy bei Yverdon» Seite 93) eine neue Welt kreiert und sich eine Ideensphäre erschaffen, zu der ein Eigentumsbegriff gehörte. Steine wie dieser bezeugten die «symbolische Inbesitznahme des Bodens durch die Gemeinschaft». Und was den Mann auf dem Menhir angeht: «Er war gewiss kein Mensch, der existiert hat. Es dürfte sich um den mythischen Vorfahren einer jungsteinzeitlichen Gemeinschaft handeln.»

Das Laténium lohnt den Besuch auch wegen der Objekte im Freien, die für jedermann gratis zugänglich sind. Ein eisenzeitlicher Grabhügel und eine keltische Brücke sind zu sehen, ein römischer Kräutergarten, ein Pfahlbauerhaus, eine Jäger-Lagerstelle der Altsteinzeit. Im See ist ein galloromanischer Lastkahn versenkt, dessen grünlich veralgte Silhouette man von einem Steg ausmacht. Und da sind neolithische Menhire und Schalensteine. Sowie ein Dolmen, ein Sammelgrab von 3000 vor Christus, das nah Auvernier ausgegraben wurde: aufrecht stehende Schieferplatten, von einem Flachstein bedeckt. (Siehe auch Eintrag «Der Dolmen auf dem Kirchhof Oberbipp» Seite 75.)

46.26007 8.83596

Die Doppelwelle im Verzascatal

(TI)

Bei Lavertezzo schwingt sich die Fussgängerbrücke Ponte dei Salti über die türkisene Verzasca. Könnte man die Harmonie des im 17. Jahrhundert wurzelnden Doppelbogens aus Stein übertreffen, der die einen an geschwungene Frauenbrauen erinnert und die andern an eine Achterbahn? Seine Eleganz steht freilich im Kontrast zur Armut, für die das Verzascatal die meiste Zeit bekannt war. Wer sich dafür interessiert, liest Lisa Tetzners berühmtes, ins 19. Jahrhundert absteigendes Jugendbuch *Die Schwarzen Brüder.* Giorgio, einen 13-Jährigen aus einer darbenden Familie in Sonogno zuhinterst im Tal, verschlägt es nach Mailand, wo er und seinesgleichen in finstere Kamine klettern müssen, um mit nackten Händen den Russ abzukratzen. Das gab es wirklich, manche Kinder starben bei der Arbeit. Schönheit und Traurigkeit sind in dieser Gegend Nachbarn.

47.39193 ⚲ 7.86349

Der Tierfriedhof von Läufelfingen (BL)

Tiere haben es nicht leicht auf dem Planeten der Menschen. Die wild lebenden werden bedrängt oder gar ausgerottet. Und die zahmen werden gezüchtet und gegessen, längst nicht immer ist ihre Haltung und die Art der Schlachtung angemessen und respektvoll. Einige wenige Tierarten aber sind von der Misere ausgenommen. Der Mensch hat sie in sein Haus geholt und hat ihnen Namen gegeben. Sie heissen respektive hiessen zum Beispiel Jessy, Schwärzli, Rozi, Senta, Tessy, Wilka, Blume, Puschel, Jam, Whisky, Sima, Chapa, sie waren Hund, Katze, Kaninchen, Meerschweinchen, und sie wurden geliebt. Das stellt man auf dem Tierfriedhof am Wisenberg in Läufelfingen fest, einer raren Einrichtung im Land. Das Areal oberhalb des Dorfes, zu Fuss ab der Bahnstation in einer Viertelstunde erreichbar, ermöglicht alle Formen der Bestattung vom Massengrab über die schlichte Individualvariante bis zum aufwendig gestalteten, grossen Einzelfeld. Man sieht runde Holztäfelchen, Steine, gemalte Bildchen und Fotos der Verblichenen; manchmal deckt ein Herz aus weissem Kies das Grab. Die Betreiberfamilie offeriert gegen Bezahlung viel Service. Sie begleitet den leidenden Tierbesitzer zum Beispiel zum Veterinär, nimmt sich der Kremation oder Erdbestattung des toten Tieres an, bietet eine Trauerbegleitung ebenso an wie Chauffeurdienste und vermittelt, wenn alles vorbei ist, gar ein neues Tier. Und was auch möglich ist: dass ein Tierbesitzer, wenn er verstorben ist, kremiert und an der Seite seines geliebten Tieres bestattet wird. Asche mischt sich mit Asche, Kreatur mit Kreatur, es ist die Aufhebung einer alten, unscharf gewordenen Grenze.

47.18371 9.25069

Das Selunbähnli bei Starkenbach (SG)

Es gibt immer weniger dieser offenen Seilbähnchen, auch «Cabriobahn» genannt; im Prinzip sind es offene Kisten. Diejenige von Selun führt ab Starkenbach, einem Weiler mit Postautohaltestelle im Toggenburg zwischen Stein und Alt St. Johann, auf die Alp Vorder Selun. Auf der Homepage liest man, dass es schon in den 1920er Jahren eine Vorgängerin gab. Der Urgeschichtler und Höhlenforscher Emil Bächler, der auf Selun Grabungen in der Höhle Wildenmannlisloch vornahm, schrieb damals: «Das Vorhandensein eines Alp-Drahtseilaufzuges vom Dorfe Starkenbach zur Alp Selun leistete uns vortreffliche Dienste.» Personentransporte sind offiziell erlaubt seit 1955, die Höhendifferenz beträgt 671 Meter, die Maximalbesetzung liegt bei vier Erwachsenen plus zwei Kindern und ... lassen wir die technischen Details. Man muss es erlebt haben, das Durch-die-Luft-Sausen und Dabei-nach-Luft-Schnappen. Oben kann man zum Beispiel den Weg zu einem der Churfirsten, zum Selun, Frümsel oder Brisi, unter die Füsse nehmen. Die Bahn gehört der Alpkorporation, ist privat und daher in den Prospekten von Toggenburg Tourismus nicht eingezeichnet. Mitfahren darf trotzdem jeder. (Siehe auch Eintrag «Der Softeis-Automat auf dem Strichboden» Seite 164.)

47.05604 7.23386

Vermessungspräzision in Walperswil

(BE)

In Walperswil, genauer gesagt in dessen Ortsteil Gimmiz, steht ein Vermessungsdenkmal. Eine Triangulationspyramide auf Stangen, nachgebildet aus Holz. Das Ding erinnert an die Vorarbeiten, die die Dufourkarte aus der Mitte des 19. Jahrhunderts möglich machten, ein Wunderwerk der Zeit. Zugrunde lag der Karte das Verfahren der Triangulation. Winkelmessungen. Eine 13-Kilometer-Gerade zwischen Walperswil und Sugiez durchs Grosse Moos diente als Eichstrecke. Spezialisten vermassen die «Basis» oder

«Grundlinie», wie sie genannt wurde, dreimal: 1791, 1797 und 1834, wobei sie zuerst eine 32,5 Meter lange Kette aus Stahl benutzten und später acht Meter lange Eisenstangen aneinanderlegten. Damit man die beiden Endpunkte auch über die Distanz anpeilen konnte, baute man auf ihnen gut sichtbare Holzpyramiden. Die Abweichungen zwischen dem tiefsten und dem höchsten Wert der drei Messjahre bewegten sich im Zentimeterbereich: 19 Zentimeter über 13 Kilometer. Ein Paradebeispiel früher Schweizer Präzision.

46.97516 9.55532

Die Rohanschanze bei Landquart (GR)

Im Dreissigjährigen Krieg, einer europaweiten Auseinandersetzung ab 1618, kämpfen Katholiken gegen Protestanten, aber auch die Habsburger gegen Frankreich und seine Alliierten. Die Drei Bünde (Graubünden) und ihr Untertanengebiet Veltlin werden als Durchgangsort wichtig: Die österreichischen und die von Mailand aus operierenden spanischen Habsburger sind auf den Transit angewiesen, um abgestimmt zu agieren. Das zu vereiteln, rückt der französische Herzog Heinrich von Rohan samt seinem Korps an. Mit dem Bündner Protestantenführer Georg (Jürg) Jenatsch jagt er die Habsburger aus dem Land. Als die

Franzosen dann aber das Veltlin nicht freigeben wollen, wendet sich Jenatsch, inzwischen aus taktischen Gründen Katholik geworden, abrupt gegen Rohan; jener kontrolliert in seiner vom Zürcher Kriegsingenieur Ardüser erbauten Landquarter Schanze nah den zwei einzigen Brücken der Gegend – eine über den Rhein, eine über die Landquart – den Nord-Süd-Verkehr. Im März 1637 marschieren die Bündner zu 3000 Mann auf. Der überrumpelte Rohan, der nur 1000 Mann hat, muss abziehen. Die Schanze, eine primitive Befestigung, wird später geschleift. Ihre Überreste sind nördlich von Landquart einige wallartig in die Länge gezogene, gut zwei Meter hohe Erhebungen auf topfebenem Boden, eine durch Gestrüpp und Bäume kaschierte Geländeauffälligkeit von 200 auf 200 Meter.

Wie hinkommen? Vom Bahnhof Landquart kurz die Bahnhofstrasse hinab, links in die Seilbruckstrasse, über die Landquart, dann gleich wieder links und unter der Bahnlinie nach Klosters durch. Vor uns sehen wir nun rechts der Bahnlinie Zürich–Chur einen Wanderwegweiser, der die Rohanschanze anzeigt, und erreichen in zehn Minuten, auf Malans zuhaltend, die Landstrasse Maienfeld–Landquart. Auf der anderen Seite liegt das Schanzengelände. Den Gedenkstein (Koordinaten im Titel) finden wir, wenn wir auf der Landstrasse 100 Meter Richtung Maienfeld gehen. Fünf Meter zurückversetzt und leicht erhöht, erinnert er an die Schanze, «erbaut 1631 bis 1635 zum Schutze der Drei Bünde von Herzog Heinrich Rohan». **PS:** Rohan starb in fremden Kriegsdiensten in der Schlacht bei Rheinfelden. Und zwar 1638, im letzten Jahr des Dreissigjährigen Krieges, der sein Schicksal war. Jenatsch, dessen Bild stark von C.F. Meyers nach ihm benanntem Roman geprägt ist, fiel ein Jahr später, 1639, in Chur einem Mordanschlag zum Opfer. Während eines Trinkgelages in der Fasnachtszeit attackierten ihn in der Wirtschaft Staubiges Hüetli verkleidete und maskierte Verschwörer. Ein «Bär» feuerte mit einer Pistole auf Jenatsch. Andere der Angreifer gingen mit Knüppeln und Äxten auf den Mann los, der je nach Quelle ein Bündner Freiheitsheld war oder aber ein skrupelloser, typisch barocker Emporkömmling, Hitzkopf, Haudegen.

46.99831 7.55240

Moderne Höhlenbewohner in Krauchthal (BE)

Hoch über Krauchthal im Emmental (siehe auch Eintrag «Krauchthals Sandstein-Kathedrale» Seite 165) sind in den Sandstein der Fluh «Giraffe» Wohnräume gebaut. Seit Jahrhunderten leben hier oben Menschen.

Für den Ort Fluehüsli sprechen die romantische Lage sowie der Schräglift, der aus dem Tal hinaufführt. Gegen ihn spricht, dass der Wanderweg von Krauchthal direkt vor der Fassade vorbeiführt. Einsam ist der heutige Höhlenbewohner nicht.

47.22734 8.52479

Der Mittelalterglobi von Kappel am Albis (ZH)

In der Klosterkirche von Kappel am Albis – Gotik vom Feinsten – gibt es einen Gewölbebogen, der über und über mit dem Familienemblem der Gessler von Brunegg bedeckt ist. Pures Mittelalter. Und doch wähnt man in dem Vogelkopf unseren Globi zu sehen. Der Zeichner Robert Lips hat stets betont, den Ort erst entdeckt zu haben, nachdem er 1932 seinen Globi kreiert hatte.

46.93171 7.03911

Pilot Nr. 1 in Vallamand-Dessus (VD)

Vater Failloubaz war ein reicher Weinhändler in Vallamand über dem Murtensee. Dort gedenkt ein Stein seines Sohnes. Ernest Failloubaz, 1892 geboren, ist mit zehn Jahren Vollwaise, wächst bei der Grossmutter auf. Als er hört, dass es möglich ist, ein Velo mit einem

Motor auszustatten, überzeugt er die Grossmutter, ihm ein solches Mischding zu kaufen; er fährt eines der ersten Motorräder im Land. So kommt Ernest auf den Geschmack der Mobilität und Geschwindigkeit. Bald entdeckt er die Welt des Fliegens. Mit Vaters Vermögen will er, kaum erwachsen, in Avenches eine Flugzeugfabrik und eine Flugschule etablieren. 1910, mit 18 Jahren, fliegt er von Avenches nach Payerne, es ist der erste Von-Stadt-zu-Stadt-Flug der Schweiz. Als Unternehmer gerät er bald in Schwierigkeiten: zu jung, zu naiv, zu unerfahren. Leute, die ihn beraten sollten, bestehlen ihn. Ernest Failloubaz verarmt; er stirbt, schon immer von schwacher Gesundheit, mit 27 Jahren an Tuberkulose. Sein Schweizer Pilotenbrevet vom 10. Oktober 1910 trägt die Nr. 1. Sie nannten ihn *le gamin volant,* das fliegende Kind.

47.13084 8.58803

Der Unglückspilot vom Ägerisee

(ZG)

Gleich noch eine Pilotengeschichte. Zwischen Wilbrunnen und Unterägeri Zentrum kommt man auf dem Wanderweg in einigem Abstand zum Ägerisee an einem Marmorsäulenstumpf vorbei. Teile der Inschrift sind verschwunden, ausradiert vom Wetter. Eine Tafel erklärt, was an dieser Stelle 1926 geschah.

Ein Pilot mit einem militärischen Doppeldecker muss wegen eines kleinen Defektes landen. Er repariert den Schaden, wobei ihm viel aufmarschiertes Volk zuschaut. Auf der Wilbrunnenstrasse will er wieder starten, kommt von der Geraden ab, versucht das Flugzeug doch hochzuziehen. Es streift ein Bäumchen, touchiert einen Buben, dann zwei weitere. Alle drei sterben. Derselbe Pilot ist zwei Jahre später wieder an einem tödlichen Unfall beteiligt. Über dem Aletschgletscher stürzt ihm eine Passagierin, die sich losgeschnallt hat, aus dem Flugzeug.

46.22347 7.00129

Die Feengrotte von Saint-Maurice (VS)

Der Name «Feengrotte» (auch der Plural kursiert) verdankt sich einer gezielten Romantisierung. Die allerlängste Zeit hiess die Grotte über der Engstelle des Rhonetals, die man vom Bahnhof Saint-Maurice in 30 Gehminuten erreicht, «Trou des Fayes». *Faye* ist ein altes Wort für Schaf – die Hirten der Gegend trieben bisweilen ihre Tiere ins «Schafloch», wo sie geschützt waren vor dem Wetter, vor dem Wolf. In den 1860er Jahren taufte man die Grotte auf Betreiben eines rührigen Kanonikus von der nahen Abtei um. Als «Grotte aux Fées» wurde sie touristisch genutzt

und fand schnell ihr Publikum, bald kamen 3000 Besucher im Jahr. Heute sind es 25 000 pro Jahr, die den breiten Zickzackweg den Waldhang hinauf unter die Füsse nehmen, oben am Eingang ihr Billett lösen und sich in den Berg begeben. Die Grotte, mit Lampen ausgeleuchtet, besteht aus Kalkstein und wurde weitgehend geschaffen durch einen unterirdischen Fluss. Der Gang ist lang, man geht bei einer Höhendifferenz von nur 18 Metern 500 Meter und nimmt nachher denselben Weg zurück. Pfleglich die Temperatur, zehn Grad. Allerlei Dinge gibt es am schmalen Weg zu beachten. Da sind Steinformationen, die an ein Krokodil oder an eine nackte Frau gemahnen; ein von Menschenhand geschaffener Ableitungsstollen, der bei heftigen Regenfällen Hochwasser verhindert; Spinnen, Flechten und Moose. Und dann, wenn man denkt, dass das alles einigermassen imposant ist, doch, doch, nicht übel!, dann erreicht man zuhinterst einen riesigen Saal. Ein glasklarer See geringer Tiefe deckt den Grund. Ein Wasserfall, 77 Meter hoch, speist ihn. Der Ton ist unvergesslich, auch wenn der Strahl dünn ist: ein urzeitliches Prasseln ist in dieser Kaverne oder auch Kathedrale. Hoch oben, wo im Schummer der Wasserfall entspringt, liegt ein zweites Höhlensystem von 1300 Metern Länge. Es ist freilich nur den Höhlenforschern zugänglich.

47.11740 9.15070

Der Türkenprinz von Obstalden

(GL)

In Obstalden steht im umfriedeten Kirchhof ein Grabstein allein. Laut seiner Inschrift ist an dieser Stelle ein Paar zur Ruhe gebettet: Rachid Osman, gestorben 1962, und Rosa Osman-Keller, gestorben 1994. Rachid war ein Prinz, Abkömmling jener weltgeschichtlichen Osmanendynastie, die über Jahrhunderte das gleichnamige Vielvölkerreich regierte. Die moderne Türkei, die auf das Osmanenreich folgte, wies den Prinzen 1923 aus. Er kam in die Schweiz, landete auf dem Kerenzerberg, einer damals berühmten Kurgegend, und heiratete die Coiffeuse Rosa.

46.91057 8.56139

Die Bärentatzen von Isenthal

(UR)

Isenthal liegt charmant abseitig. Die Sprossenleiter im Gemeindewappen erinnert an die Zeit, als die Felsfluh zwischen Urnersee und Dorf nur in leichter Kletterei überwindbar war. Doch nicht nur wild ist die Gegend, sondern auch wildreich. 1820 töteten die Isenthaler den letzten Bären im Tal. Die abgetrennten Tatzen baumeln im Schaufenster des Hauses bei der Post.

47.22435 7.53423

Solothurns Verenaschlucht (SO)

Die Verenaschlucht bei Solothurn zu durchwandern, dauert eine halbe Stunde. Theoretisch. Ihre Attraktionen nehmen einen derart in Beschlag, dass man eher zwei Stunden benötigt. «Schlucht» weckt zu wilde Bilder, die Juraklamm ist zum familienfreundlichen Schlenderweg veredelt. Und gleich noch eine Vorbemerkung: Man beginne unten und nicht oben, da der Pfad von seinen Erfindern in diesem Sinn gestaltet wurde.

Auf dem Solothurner Bahnhofplatz nimmt man den Bus nach Rüttenen. Bei «St. Niklaus» steigt man aus, geht vorbei am Altersheim Wengistein, schon ist da der Eingang zur Schlucht. Deren Patronin Verena (siehe auch Eintrag «Verenas Sarkophag in Bad Zurzach» Seite 193) zog ums Jahr 300 im Gefolge ägyptischer Christen ins heutige Wallis. Als die Ägypter, Legionäre im Solde Roms, sich weigerten, dessen Göttern zu huldigen, wurden sie exekutiert. Verena floh und widmete sich fortan der Armenpflege. Eine Zeit lang hauste sie in besagter Schlucht. Es entstand eine Einsiedelei, später kamen zwei Kapellen hinzu.

Um das religiöse Ensemble zu sehen, queren wir vorerst einige Brücklein, kommen auf dem Kiesweg vorbei an etlichen Gedenksteinen. Dies ist die Ruhmeshalle von Solothurn; sie erinnert an Oberförster, Dichter, Naturforscher, Publizisten aus der Gegend. Und an den Baron Louis Auguste Le Tonnelier de Breteuil. Der Minister von Louis XV. und XVI. floh vor der Guillotine der französischen Revolutionäre nach Solothurn. Er liess die Schluchtroute zur Erbauungspromenade herrichten, schuf also das Wunder. (Siehe auch Eintrag «Hudibras – ein mysteriöser Name» Seite 170.)

Am oberen Ende der Schlucht ist der Effekt surreal: zwei Kapellen schmiegen sich an die Felswände. Das Einsiedlerkabäuschen daneben (Koordinaten im Titel) hat einen an Versailles gemahnenden Rabattengarten. Ganz nah ist zudem unter Einbezug einiger Grotten ein katholisches Disneyland arrangiert: Da sind Heilige aus Holz und Gips, ist à la Swissminiatur Jerusalem nachgebildet, liegt hinter einem Schutzgitter die Madonna, vor sich ein Buch mit Mahnzeilen: «Bekehre dich, lass all deine Hofffahrt fahren!»

Als Einsiedlerin – ein bezahltes Amt – waltete in der Schlucht bis vor kurzem Benedikta. Ihre Vorgängerin hatte sich über zu viel Rummel genervt, sich mit den Hündelern angelegt, soll gar rabiat geworden sein. Die Bernerin Benedikta, den Medien bemerkenswert zugeneigt, wirkte sanfter. Eine Nonne im engeren Sinne des Wortes war sie freilich nicht und gehörte keinem Orden an. Im Frühjahr 2016 beendete sie zur Konsternation der Bürgergemeinde Solothurn ihr Engagement und verliess die Schlucht wieder.

Wem während der Kurztour ganz weltlich der Hunger gekommen ist, der dreht um und steigt im spitzen Winkel rechts aus der Schlucht. Oben bewirtet ihn das urgemütliche Restaurant Kreuzen. Die Kirche gegenüber, von einem Kaplanen- und einem Sigristenhaus flankiert, ist die Familienkirche der Von-Roll-Industrie-Dynastie. Auch dieses Erlebnis nach dem Erlebnis ist sehr zu empfehlen.

47.02615 8.61187

Der Bierkeller am Lauerzersee
(SZ)

Südseitig am Lauerzersee gibt es einen Ort, der auf der Karte als «Bierkeller» bezeichnet ist. Als es noch keine Kühlschränke gab, lagerten Firmen ihre verderblichen Waren in natürlichen Kältekammern. Diejenige vom Lauerzersee ist 18 Meter tief in den Urmiberg gebaut, und ihre Mauern haben Schlitze. Durch diese kann die Luft, die in dem steilen und schattigen Blockschutthang durch das lockere Geröll sinkt und sich dabei abkühlt, eindringen. Eis hielt sich im Schwyzer Bierkeller die ganze warme Jahreszeit hindurch und schmolz dabei bloss um ein Drittel. So kamen die Leute von einst auch im Sommer zu ihrem eiskalten Bier.

47.17790 9.21887

Der Toggenburger Arsch
(SG)

Der Flurname «Arsch» ist für die Schweiz mannigfach belegt. So gibt es in der Nähe von Linthal im Glarnerland eine Arschplanggen. «Plangge» ist auf den ersten Blick klar: Das Wort romanischer Herkunft, *plaunca/planca,* analog zu französich *planche,* gleich Brett, bezeichnet eine steile Grashalde. Und der Arsch? Die Arschplanggen ist keineswegs hinternartig gerundet. Der Name hat, wenn man einem Aufsatz des Forschers Heinrich Schmid folgt, eine andere Wurzel: Lateinisch *ardere,* verbrennen, im Partizip *arsus,* verbrannt, das auch im Rätoromanischen auftaucht. Die Vermutung liegt nicht fern, dass in dem Arsch-Gebiet, in der Vergangenheit rätoromanisch besiedelt, brandgerodet wurde.

Allerdings haben wohl nicht alle Arsch-Orte der Schweiz mit *ardere* zu tun. Dazu müssen zwei Kriterien erfüllt sein: erstens eine direkte Nähe zum historischen Siedlungsraum der Rätoromanen; und zweitens eine Wahrscheinlichkeit, dass einst am betref-

fenden Platz brandgerodet wurde. Ein schwieriger Fall ist die Alp Arsch zwischen Amden und dem Toggenburg. Bei ihr ist insofern eine glaubwürdige Arschhaftigkeit gegeben, als diese Alp Amdens letzter Boden vor der Grenze zur Toggenburger Gemeinde Alt St. Johann ist; sie liegt sozusagen am Arsch der Welt. Anderseits gibt es um Amden rätoromanische Flurnamen, man denke nur an den Selun, einen der Churfirsten. Von Brandrodung weiss man allerdings nichts. Die Sache bleibt unklar. Die St. Galler Wanderwege fanden den Flurnamen, dies nebenbei, zu deftig und wollten, so ein Zeitungsbericht, auf die Bezeichnung «Säss» umschwenken. Kurios. *Säss* kommt von sitzen, ist ein Sitz. Und es klingt stark nach Gesäss. Man wird den Arsch nicht so schnell los.

47.21340 8.42370

Agatha und das Nippelbrötchen
(ZG)

Nicht immer, aber bisweilen ist das Agatha-Brot der Frauenbrust nachgeformt: ein Semmeli mit Nippel. In den katholischen Kantonen lässt man es am 5. Februar, Namenstag der heiligen Agatha, gern vom Pfarrer segnen. Agatha lebte zwischen 200 und 250 nach Christus in Sizilien. Der römische Statthalter begehrte sie, eine Christin, zur Frau, sie wollte nicht, ihr wurden darauf die Brüste abgeschnitten. Im Kloster Frauenthal an der Lorze, Kanton Zug, trifft man auf Agatha als Brunnenfigur. Ihre Brüste trägt sie auf einem Tablett vor sich her. (Siehe auch Eintrag «Die Geköpften von Berg Sion» Seite 176.)

46.59307 7.65574

Frutigens Tropenhaus

(BE)

Surreale Gefühle im Kandertal. Draussen vor den Scheiben erheben sich hohe Berge und tragen das halbe Jahr über Schnee. Drinnen aber wandelt der Besucher im T-Shirt, hat Palmen vor sich und Bananenstauden, atmet laszive Düfte, Guaven gedeihen, Mangos, Erdnüsse, Süsskartoffeln, Papayas, Kumquats, Lychees und sowieso alles Würzige von Vanille über Zimt bis Chili. Das Tropenhaus von Frutigen verdankt sich dem Bau des Lötschbergtunnels der Neuen Eisenbahn-Alpentransversale. Unter Tag bohrte man eine Quelle an. Seither sprudelt Wasser aus dem Berg, gut 100 Liter pro Sekunde, fast 20 Grad warm. Leitete man es ungekühlt in die Kander, stürben in ihr die Fische. Also ersann man ein Haus, in dem man Störe züchtet und Kaviar herstellt. Die Abwärme heizt ein gewaltiges Gewächshaus. Das nährstoffreiche Fischabwasser wiederum düngt, was da wachsen soll. Alles zusammen lockt als Gesamtkunstwerk der Nachhaltigkeit Touristen in einen Ort, der den Fremdenverkehr brauchen kann. Starke Bilder begleiten am Ende den Besucher nach Hause: jene lauschigen Ecken im Tropengarten, wo er sich niederliess und von Robinson Crusoe träumte. Bizarre Seidenhühner, Freaks der Vogelwelt, die mit ihren Küken pickten und scharrten. Und vor allem die haifischartig und ein wenig unheimlich in ihren Becken kursierenden Störe. All das unter dem Gehrihorn und dem Mäggisserhorn, die neuerdings Tropengipfel sind.

47.59674 8.68100

Die Kanonenkugel von Andelfingen
(ZH)

Am 25. Mai 1799 standen die Russen und die Österreicher auf der Kleinandelfinger Seite der Thur, Napoleons Franzosen aber auf der Andelfinger Seite. Man feuerte aufeinander. Wer schon immer eine Kanonenkugel berühren wollte, bei der gedeckten Andelfinger Holzbrücke ist auf der Südseite eine ausgestellt. Immerhin 14 Zentimeter Durchmesser hat sie, ist sieben Kilo schwer und bös angerostet.

PS: Im alten Kirchlein von Zürich-Witikon sieht man hoch oben in der Wand zwei Kanonenkugeln aus demselben Krieg. Auch im Haus Willi in Horgen,

Alte Landstrasse Nr. 10, steckt eine Kanonenkugel. Sie stammt aus dem Bockenkrieg von 1804, einem Aufstand der Landbevölkerung. Damals wurde Horgen von Oberrieden her beschossen.

47.36499 8.67686

Die dreieckige Kirche von Greifensee

(ZH)

Ob die Kirche von Greifensee ein europäisches Unikat ist, wie man oft hört? Nachprüfbar ist das nicht. Aber eigen ist der dreieckige Grundriss schon. Die Kirche ist in die Ecke der Stadtmauer integriert, daher die spezielle Form. Von einem Wehrgang aus konnte man durch Scharten den anrückenden Feind beschiessen. Das Gotteshaus ist nicht nur apart geformt, sondern auch militant.

46.46274 8.92287

Der Uristier bei Negrentino

(TI)

Man kennt das Urner Urmonster vom Kantonswappen. Im Bannersaal des Rathauses zu Altdorf hängen die Fahnen von Schlachten wie Morgarten, Laupen, Sempach, Grandson, Murten, Frastanz, Dornach. Auf ihnen ist der Stier noch nicht so stilisiert und standardisiert wie in der heutigen Version. Die Zunge schlappt ihm aus dem Maul, die Hörner krümmen sich wild, auf dem einen Banner kneift er ein Auge zu, auf dem anderen bleckt er die Zähne und scheint zu grinsen; er ist ein magisches Animal, psychologische Kriegsführung. Noch verstörender wirkt der Stier an der 1000 Jahre alten Kapelle San Carlo di Negrentino oberhalb des Dorfes Prugiasco im Bleniotal. Riesig prangt er auf dem Campanile und hat ein Menschengesicht mit geweiteten Augen und wulstigbreiten Lippen – einschüchternd. Das passt. Unter dem Urner Wappen sind kleiner die Wappen des Bleniotals und der Leventina aufgemalt mit Schwurfingern; die beiden Tessiner Talschaften mussten dem Kolonialherrn aus dem Norden einst Treue geloben.

48.165295 8.639309

Rottweil, Schweiz in Deutschland
(D)

Kleiner Exkurs nach Deutschland. Rottweil, das dank der gleichnamigen Hunderasse sozusagen ein Image mit Biss hat, liegt etwa auf halbem Weg an der Bahnlinie von Zürich nach Stuttgart. Die Stadt mit 25 000 Einwohnern ist geschichtlich eng mit der Schweiz verbunden. Im eidgenössischen Ancien Régime gab es die festen Mitglieder und die zugewandten Orte. Rottweiler war ein zugewandter Ort, sein Status dem von St. Gallen, Biel, Genf vergleichbar. 1463 hatte es sich der Eidgenossenschaft angeschlossen – und feierte dies 2013 mit einem «Schweiz-Jahr». Die Verbindung war lange eng, die Rottweiler kämpften auch in der Schlacht von Murten mit. Doch im 17. Jahrhundert begann die Freundschaft auszukühlen, als hierzulande die reformierten Kräfte obenaus schwangen. Rottweil war katholisch. 1802 ging, was ein Schweizer Kanton hätte werden können, im Herzogtum Württemberg auf. Schade – wäre doch nett, eine Schweizer Insel im süddeutschen Raum. «Eigentlich gehören wir ja heute noch zur Eidgenossenschaft», erklärte der Oberbürgermeister 2013. Denn Rottweil habe ehedem mit den Alten Orten einen ewigen Bund abgeschlossen. «Und einen ewigen Bund kann man nicht kündigen.» Wer hinreist, verpasse nicht den Marktbrunnen mit einer sehr helvetischen Figur: einem Schweizer Fusssoldaten von damals.

47.17269 8.10946

Der Pranger von Sursee
(LU)

Sursees Rathaus entstand zwischen 1539 und 1546, es ist Spätgotik. Der Prestigebau des damals tausend Einwohner kleinen Marktfleckens sollte dem grossen Luzern Eindruck machen. Den Pranger, eine Rarität im Land, finden wir in der Südecke. Die Mauernische anderthalb Meter über Boden ist mit einem Minidach überkront. Wer hier stand, den Hals mit einer Kette fixiert, sah den ganzen Stadtplatz. Respektive: Der ganze Stadtplatz sah ihn. In Sursee wird die Grausamkeit des Anprangerns anschaulich. (Siehe auch Eintrag «Der Tresor von Sursee» Seite 212.)

46.40329 8.14753

Der Panoramagalgen von Ernen
(VS)

Der Galgen von Ernen liegt auf einer Anhöhe mit Weitblick. Er besteht aus drei im Dreieck arrangierten Viermetersäulen aus Stein; die Idee war, mehrere Delinquenten aufs Mal abfertigen zu können. Die Holzbalken zum Anknüpfen der Seile sind nicht mehr da. Gut so, die Tötungsanlage ist anschaulich genug.

46.46266 8.92289

Der lawinensichere Urschner Galgen
(UR)

Der Galgen von Hospental wirkt im Vergleich zum Galgen von Ernen im Wallis einfacher: zwei gemauerte Pfeiler samt einem Holzbalken. Besonderheit dieser Variante: Die Pfeiler bilden gegen den steilen Berghang zu einen Keil. Sie sind lawinensicher.

47.31682 📍 8.88561

Die Täuferhöhle bei Bäretswil (ZH)

Es gibt zwei Wege zur Täuferhöhle. Man kann entweder von unterhalb zu ihr aufsteigen, was ab dem zu Bäretswil gehörenden Weiler Wappenswil 20 Minuten dauert und vollkommen harmlos ist. Oder aber man steigt von oberhalb ab, von den Höhen des Allmen, durch unglaublich steilen Wald. Auf den glitschig-feuchten Holzstufen möchte man sich am liebsten anseilen; bei Nässe, so der dringende Rat, verzichte man! Die Höhle ist dann die Vollendung des Psychodramas. Gut 40 Meter zieht sie sich in die Breite, ist gut 30 Meter tief und vier Meter hoch und natürlich, wie sich das in der Schweiz gehört, mit einer Feuerstelle und Bänken ausgestattet. Die Nagelfluhwand über ihr wiederum erhebt sich derart mächtig, dass die Höhle bei aller Grösse als Witz erscheint – der Besucher denkt, dass sie jederzeit kollabieren könnte. Dass sie ein Geschenk der Natur ist oder besser eine Leihgabe auf Zeit. Dass man zerquetscht werden könnte, wenn Bewegung in den Hang käme. Mit einer Hautfalte hat man die Spalte schon verglichen, mit den Rundungen eines Nilpferdes auch, andere sehen sich an das weibliche Geschlecht erinnert. Was auch immer die Assoziationsmaschine ausstösst, sicher ist, dass dies kein gemütlicher Ort ist, auch wenn bisweilen Jugendliche aus den umliegenden Dörfern in der Höhle übernachten; der trockene Boden lädt dazu ein. Die Täuferhöhle erzählt eine Geschichte von Leid und Unterdrückung. Als die Reformation in Zürich aufkam, gab es – vor allem auf dem Land – Leute, die die Befreiungsbotschaft zu ernst nahmen und sie zu Ende dachten; sie wähnten, es brauche keinen Klerus mehr, nun sei jeder ein Prediger. Gewaltlos wollten sie sein, und manche befürworteten gar, dass man alle Güter teile. Das waren die Täufer, bald wurden sie verfolgt und gejagt. Die Überlieferung besagt, dass sie sich auch in der Täuferhöhle verkrochen und dort ausharrten, bis die Todesgefahr vorüber war. Tatsächlich grub man in der Höhle verborgene Nischen mit Besteck aus.

PS: Gottfried Kellers Novelle *Ursula* handelt vom Reisläufer Hansli Gyr, der 1523 aus der Lombardei heim ins Zürcher Oberland kommt. Seine Jugendfreundin Ursula will er heiraten, findet sie aber völlig verändert vor, halb schwärmerisch, halb verstört – ein Fall von religiösem Wahn. Die Täufer sind erwacht im Land am Bachtel, sie sagen, dass bald die Endzeit kommt. Die städtische Reformation unter Zwingli ist für sie halbbatzige, kompromisslerische Ware; diese Haltung wird zur Sektiererei. Natürlich schlägt die Obrigkeit zurück gegen die Bauern, die nicht mehr gehorchen, weder Steuern zahlen noch Kriegsdienst leisten wollen. Wie Hansli Gyr durch die wirren Jahre kommt und am Schluss in der Schlacht bei Kappel durch Ursula gerettet wird: lesen! (Siehe auch Eintrag «Das Schleitheimer Bekenntnis» Seite 182.)

47.36319 8.57878

Der Elefant im Stöckenbach

(ZH)

Unterhalb von Zürich-Witikon fliesst der Stöckenbach durch ein Tobel, das gern als malerisch bezeichnet wird. Mitten im Bachbett steht etwas eingesunken der legendäre Elefant aus Zement. Seit mehr als einem Jahrhundert ist er der Liebling aller Stadtkinder, die auf ihm reiten oder sich unter den Bogen des Wasserstrahls stellen, der aus dem Rüssel spritzt. Das Tier wurde 1898 geschaffen auf Initiative eines Verschönerungsvereins, der gleichzeitig den ersten Erlebnispfad im Kanton realisierte. Es wurde «Dschumbo» getauft nach dem berühmten Elefanten in England, der lange Jahre auf seinem Rücken Kinder durch den «London Zoo» trug. Der Stöckenbach heisst im Volksmund übrigens Elefantenbach. Doch wer nun meint, der Betonelefant habe mit seinem Charisma dem Bach einen neuen Namen verschafft, der irrt. Umgekehrt.

Schon 1830 war der Name «Elefantenbach» im Umlauf. Man vermutet, dass daran entsprechend geformte Felsen schuld sind. Es war der Name des Baches, der den Quästor des Verschönerungsvereins, einen pensionierten Bauunternehmer, inspirierte, einen Elefanten ins Tobel zu stellen. Ein Geniestreich.

Und hier eine Variante, wie man im Rahmen eines Sonntagsspazierganges in einer halben Stunde zu Fuss hinkommt: Tram Nr. 11 ab Zürich HB oder Zürich-Bellevue bis Haltestelle Burgwies. Zur Linken (stadtauswärts gesehen) dem Wanderwegweiser Richtung Werenbachtobel folgen, doch dann nicht in dieses, sondern weiter oben links in den Stöckentobelweg biegen. Nun alles dem Bach entlang, wobei man die Witikonerstrasse in einem Fussgängertunnel unterquert. Viel Spass! Und falls Kinder mitlesen: Seid nett zum Elefanten, denn er ist alt! (Siehe auch Eintrag «Der Elefant von Murten» Seite 136.)

46.81348 📍 6.54661

Die Karrengeleise unterhalb Sainte-Croix (VD)

Sainte-Croix liegt unter dem Chasseron auf etwas über 1000 Metern, man spricht vom «Balcon du Jura Vaudois». Seine Schulkinder leisten regelmässig Dienst an der Historie. Sie schwärmen aus, am Waldhang nach Vuiteboeuf hinab die alten Rillen im Stein von Laub und Dreck zu befreien. Die prägnanteste Geleisestrasse der Schweiz verdient gewiss Zuwendung und Pflege.

Starten wir die Besichtigung von unten her, von Vuiteboeuf. Mit «Voie historique» ist der Fussweg benannt, der uns hinführt und das Phänomen erklärt. Bald einmal staunen wir, während wir am Hang (derjenige mit der neuzeitlichen Strasse, die wir mehrmals tangieren) Richtung Sainte-Croix aufsteigen und den vermoosten Kalkboden mustern. Diese Rillen! Mancherorts sind sie vielleicht fünf Zentimeter tief, an anderen Stellen reichen sie wesentlich tiefer in den Stein, mehr als 20 Zentimeter – eine Kombination von Menschenwerk und Erosion. Bisweilen sieht man nur eine Rille, manchmal ist aber auch ihre Parallelrille erhalten. An einigen Stellen sind es gar etliche Rillenpaare nebeneinander.

In den 1990er Jahren erforschte man den Hang genauer. Wann exakt die Rillen angelegt wurden, ist unklar. Sicher nicht in der Römerzeit, wie man lange meinte. Vermutlich in der frühen Neuzeit. Garantiert im Gebrauch standen sie im 17. und 18. Jahrhundert, in der Endzeit des Ancien Régime. Damals betrieben die Gnädigen Herren von Bern, deren Reich vom Genfersee bis an die Reuss reichte, einen schwunghaften, per Monopol abgesicherten Handel mit Salz. Von Frankreichs Salinen wurde es herangeführt, von Salins-les-Bains und Arc-et-Senans. Zu den begleitenden Einrichtungen gehörten Zollstellen, Ochsen-Wechselstationen, Umladeanlagen, Depots, Herbergen und so weiter; war die Ware unten in Yverdon, reiste sie per Schiff weiter Richtung Bern.

Bloss waren da zuvor die 500 Höhenmeter Niveaudifferenz zwischen dem Jurahochland und den Ebenen des Schweizer Mittellandes. Die Geleiserillen zwischen Sainte-Croix und Vuiteboeuf – durchschnittliches Gefälle 16 Prozent – lösten das Problem. Vom «Prinzip Tram» könnte man sprechen, die Wagen fuhren oben in die Geleise ein, man blockierte ein oder zwei Räder mit einer Bremskette, so begann die kontrollierte Schlitterei talwärts. Für die Ochsen wurden an schwierigen Orten Trittstufen in den Kalk gehauen, damit sie nicht ins Stolpern gerieten. Voraussetzung waren in der Breite normierte Karren. Im Lauf der Zeit wechselte übrigens die Spurbreite der Schienenrillen mehrmals; auch das haben die Verkehrsforscher herausgefunden.

Ab 1840 verlagerte sich der Salztransport rapid auf die Route via den Col de Jougne etwas weiter südlich. Für die Bewohner von Dörfern wie Sainte-Croix muss es ein Schock gewesen sein. Auf einen Schlag verloren sie eine wichtige, wenn nicht die wichtigste Erwerbsquelle. Knapp 200 Jahre später haben sie sie wiederentdeckt; nun kommen die Wandertouristen und gehen gefesselt den alten Rillen entlang, hilfreich die fünf Tafeln, die vor Ort die Sache detailliert erklären. Was man sich als grosses Ganzes vor Augen halten muss: Heute kaufen wir ein Kilo Salz für lächerlich wenig Geld im MIGROS oder COOP. Damals war es teuer und begehrt. Man sprach vom «weissen Gold».

47.26484 8.67848

Die schwarze Madonna von Uetikon (ZH)

Uetikon am See hat eine moderne Kirche, die Architekturpreise gewann. Von ruhigem Rot ist ihre Umfriedung, der Farbton warm, fruchtig, mexikanisch irgendwie. Der Innenhof erinnert in seiner weiten Geometrie an ein Kloster und dessen Kreuzgang. Der Kirchenraum wiederum ist in Weiss gehalten und von ausgeprägter Nüchternheit; wie so oft passt die These, wonach der Schweizer Katholizismus im Vergleich zu den Spielarten anderer Länder ein Protestantismus ist. Rührend die 2010 geweihte afrikanische Madonna aus einer Schnitzerschule in Simbabwe. Keine klischeehaft frohsinnige Mama Afrika ist dies, sondern eine dünne Mutter, die man als verhärmt oder gefasst empfinden kann. Ihre überdimensioniert gestalteten Hände umfangen das Marienkind. Die innige Skulptur hat einen kleinen Pilgerverkehr ausgelöst; insbesondere kommen auch Afrikanerinnen und Afrikaner aus der Umgebung.

46.18042 📍 7.40455

Die brutalistische Kirche von Hérémence (VS)

Man glaubt es nicht, wenn man vor ihr steht. Vor allem nicht, wenn man von unterhalb zu ihr aufschaut: diese dem Himmel zustrebende nackte Betonwucht! Und das im Kanton Wallis, wo sie in der Regel entweder im Retrostil bauen oder aber eine stillose Moderne anrichten. Die Kirche von Hérémence im gleichnamigen Tal, ein katholisches Gotteshaus mit dem Namen «Saint-Nicolas de Myre», ist beides nicht, ist weder heimelig noch 08/15. Der Architekt Walter Förderer ersann sie, 1970 wurde sie fertiggestellt. Man spricht von neo-expressionistischer Kirchenarchitektur, die komplizierte und verschachtelte, grelle Gebilde anrichtet. Ebenfalls gebräuchlich das Wort Brutalismus. Der Stil kam in den 1950er Jahren auf, das Wort hat mit französisch *brut* gleich roh zu tun, Brutalisten wie Förderer bauten mit unverputztem Beton. Ist die Kirche von Hérémence nun schön oder hässlich? Beides ineinander. Sie ist ungewöhnlich, sie ist ein Wagnis, sie ist verwunderlich. Kraft hat sie auf jeden Fall.

46.39337 8.05762

Gilihüsine auf der Bettmeralp (VS)

Bis 1945 zogen die Männer von Betten jeweils im Frühling, wenn das Gras noch nicht zu hoch stand und die Landwirtschaft noch nicht ihren vollen Einsatz forderte, um des Gilihüsine willen hinauf zum Bettmersee; dort erstreckt sich ein flaches Feld. Dann schlummerte der Brauch ein, um 1953 für ethnografische Filmaufnahmen noch einmal in Szene gesetzt zu werden. Neuerdings gibt es ein Revival aus dem Geiste des touristischen Events, 2015 war schon zum sechsten Mal wieder Gilihüsine. Also Hornussen mit den ungeschlachten Mitteln des Gebirglers. Zwei Mannschaften à sechs Personen stehen sich gegenüber. Als Schlaggerät dient ein langer Hasel- oder Erlenstecken. Als Abfangschild kommt zum Beispiel ein breites Kistenbrett mit angenageltem Griff zum Einsatz. Als Nouss, hier Nüse genannt, wird traditionell ein Kuhzehenknochen verwendet; man redet auch von der «Beinkuh». Achtung: unbekanntes fliegendes Objekt über der Bettmeralp.

PS: Über dem Muotatal liegt auf einer Sonnenterrasse Illgau. Die Trachtengruppe des Dorfes belebte 2002 eine Urform des Hornussens namens «Hirniggle» wieder. Als Abschlagrampe dient eine schräg in den Boden gerammte Schindel. Mit Schindeln sind auch die Leute im Feld bewehrt, die das anfliegende Geschoss abfangen sollen. Dieses ist rund, fünf bis sieben Zentimeter dick und aus Haselholz. Es heisst *Niggel;* das alte alemannische Wort bezeichnet ein Holzklötzchen oder eine kleine Kernobstfrucht.

46.47938 8.72035

Der Tremorgiosee über Rodi

(TI)

Tiefblau ist der Lago di Tremorgio. Und rund wie der Bergkessel, in dem er auf gut 1800 Metern Höhe ruht. Eine effiziente Seilbahn fährt von Rodi in der oberen Leventina hinauf, oben steht eine bewirtete Hütte, in der es gute Polenta gibt. In den 1970er Jahren begab sich ein Team der ETH Zürich auf Forschungstour. Seither kursiert die Idee, das Tremorgiobassin könnte durch Meteoriteneinschlag entstanden sein; im Quarz seien Deformationen zu beobachten, die auf ein solches Ereignis in prähistorischer Zeit hinwiesen. Ob es stimmt? Armselig jedenfalls diejenigen, die unten auf der Gotthardautobahn das Gaspedal drücken und von dem Gewässer und seiner zackigen Kulisse keine Ahnung haben. Ein Wandertipp: In Airolo die Pesciüm-Seilbahn nehmen und von Pesciüm in 4½ Stunden auf dem Höhenweg zum See hinüberziehen.

47.26658 8.82842

Das Ritterhaus zu Bubikon
(ZH)

Der Johanniterorden wurde um 1100 gegründet, war vor allem im Heiligen Land tätig, nahm sich Johannes den Täufer zum Patron; die Mitglieder sahen sich als Seelsorger und Krankenpfleger. Allerdings kombinierte man bald das Karitative mit dem Militanten; die Ritter unter dem Kreuz mit den vier Doppelspitzen wussten in den Kreuzzügen durchaus zu kämpfen. In Bubikon im Zürcher Oberland steht die besterhaltene Johanniter-Kommende Europas («Kommende» von lateinisch *commendare,* anvertrauen). Ganz einfach gesagt: ein Basislager der Johanniter, zu dem diese durch eine Schenkung gekommen waren. Das graue Ensemble von Häusern mit Stufengiebeln samt Kapelle und Gutsbetrieb steht als Fremdkörper in unserer Gegenwart. Ein Museum dokumentiert den Orden sowie die Gebäudegruppe. Ein Ereignis für sich ist der Kräutergarten, der in schlauer Gliederung eine Zeitreise inszeniert. Seine vier Abteile widmen sich der Antike, dem Mittelalter, der Kolonialzeit und der Moderne. Mittelalterreise gefällig? Ab mit der S-Bahn nach Bubikon!

46.90845 8.97530

Der Berglistüber über Linthal (GL)

Eine Glarner Wanderung von hin und zurück drei Stunden, das Ziel bildet der Berglistüber. Was das ist? Gemach! Vom Bahnhof Linthal folgen wir dem Klausen-Saumweg Richtung Tierfehd, ziehen am Ausgleichsbecken des Fätschbachwerks und bald am Werk selber vorbei, biegen rechts in den Hang. In dem Steilabschnitt ist der alte Saumweg nun klar als solcher zu erkennen. Er führt, wobei wir mehrmals die Passstrasse tangieren, über gut 150 Höhenmeter hinauf zum Bergli. Die Hangpartie heisst Fruttberg, es soll sich in dem Namen eine keltische Wurzel verbergen. Schliesslich das – leider sehr reduziert geöffnete – Restaurant Bergli, das in einer engen Kurve der Klausenstrasse hockt. Ein Pfad zweigt ab in ein kleines Tobel, je nach Wetter ist er glitschig. Dann der Berglistüber. 44 Meter hoch, ergiesst sich der Wasserfall in ein rundes, mit grünblau schimmerndem Wasser gefülltes Becken, das sich im Laufe der

Zeit exakt durch diese Urgewalt bildete. «Kolk» heisst eine solche Vertiefung im Jargon der zuständigen Naturforscher. Den Namen «Berglistüber» begreift man *sur place* sofort. Der Fall «stübt». Die Kraft des Fätschbaches und damit der Staubeffekt variieren allerdings je nach Jahreszeit, wobei das erwähnte Elektrizitätswerk ein Wort mitzureden hat, das den Bach zwecks Stromerzeugung gefasst hat und regulieren kann. Hinter dem Fall hat sich durch einen komplizierten Erosionsvorgang eine Art Kaverne gebildet. Man kann den Berglistüber daher, wenn man will, fast ganz umrunden. Hintergehen kann man ihn.

47.04914 📍 6.72180

Die unterirdischen Mühlen bei Le Locle (NE)

Was bringt Menschen bloss dazu, eine Serie von Mühlen in eine unterirdische Grotte einzubauen? Eine Rarität ist die Anlage von Col des Roches am Südwestende des Tals von Le Locle, wo eine Felsmauer alles beendet, auf jeden Fall; die Anlage sei die einzige ihrer Art in Europa, liest man gar. Und die Antwort auf die Eingangsfrage ist simpel. Bäche und Flüsse waren einst die wichtigsten Energielieferanten. Besagte Talecke aber war versumpft. Ihr Flüsslein, der

Bied, floss träge und nahm erst dort Geschwindigkeit auf, wo er an der Grenze zu Frankreich eine Steilstufe erreichte. Freilich versickerte der Bied dort im Kalk und entzog sich so den Menschen. Mitte des 17. Jahrhunderts kamen findige Männer auf die Idee, den Bied doch zu nutzen. Jonas Sandoz trieb die Sache entscheidend vorwärts. Er liess 1660 in den porösen Kavernen des Bied Treppen, Stege und Galerien anlegen sowie Wasserräder, die Sägen, Dreschwerke, Ölpressen trieben. Die Geschichte der vertikalen Mühlen ist vertrackt, man baute durch die Jahrhunderte immer wieder mal aus, um, ab. 1898 kam das Ende. Nun wurde vom Bundesamt für Landwirtschaft in den zugehörigen Gebäuden über Tag ein Grenzschlachthof angelegt. Die Mühlen verkamen zum Abfallloch, in dem es bestialisch gestunken haben muss. 1966 war auch damit Schluss. Ein paar Jahre später begannen Höhlenforscher und Liebhaber alter Technik aufzuräumen und zu restaurieren. Ihnen verdanken wir einen der faszinierendsten Ausflüge der Romandie: Wir fahren mit dem Bus von Le Locle die zwei Kilometer nach Col des Roches. Am Eingang zu den Mühlen samt Museum warten wir auf eine offizielle Führung. Oder wir machen uns mit dem Audioguide am Ohr allein auf den Weg in die Unterwelt, in der das riesige Holzrad klappert, es aus

Känneln rieselt, die Schritte hallen und glitschen, es immer noch tiefer geht und immer neue Schächte klaffen. Feucht ist es da unten, gute Schuhe anziehen! Und eine Jacke, denn wärmer als sieben Grad wird es nie! Und noch ein Letztes: Col des Roches heisst der Ort erst in der Moderne. Zuvor hiess er Cul des Roches. Felsenarsch.

47.20346 📍 8.94049

Sankt Kumera in Tuggen
(SZ)

Tuggen, die Pfarrkirche. Im Schiff hängt zur Linken, knapp vor dem Hauptaltar, in einiger Höhe an einem Kreuz eine seltsame Person. Feminin, eindeutig. Und doch hat sie einen Bart. Eine Krone hat sie auf dem Kopf, aber eine ohne Dornen, ein effeminierter Jesus ist das wohl nicht. «S. Comera» steht darüber. Wir haben es mit einer ziemlich speziellen Heiligenfigur zu tun. Die Gestalt in Kreuzespose, die weiblich anmutet, jedoch Bart trägt, diese Mischung aus Gottesmutter und Gottessohn gibt es im Katholizismus schon lange, zum Beispiel in Österreich, Bayern, der Innerschweiz. Sankt Kumera heisst sie, Heilige Kümmernis oder auch Sankt Wilgefortis (von *virgo fortis*, starke Jungfrau). Eine Königstochter, so die Legende, soll sich einst nichts sehnlicher gewünscht haben, als ihr Leben lang keusch zu bleiben. Wie aber die zudringlichen Freier abwehren? Sie bat Gott, ihr einen Bart zu schenken, der tat es. Kumera wurde gemäss dem Publizisten Pirmin Meier zur Inspiration für alle Leute katholischer Konfession, die Mühe mit ihrem Geschlecht haben, gern von der Männer- in die Frauenkleidung wechseln, schwul sind oder sich feminin geben möchten. Die schillernde Heilige erinnert auch an Thomas «Tom» Neuwirth, der als Kunstfigur Conchita Wurst 2014 den Eurovision Song Contest gewann. (Siehe auch Eintrag «Der See von Tuggen» Seite 156.)

47.34694 8.70586

Der Kawamata-Steg in Uster

(ZH)

Der Zellweger Park in Uster, altes Industriegelände, ist heute ein Kunstort (siehe auch Eintrag «Helvetia und Merkur in Uster» Seite 195). Eine begehbare Skulptur überquert den Zellweger Weiher: der Kawamata-Steg. Tadashi Kawamata, Japaner, 1953 geboren und international bekannt, ist ein Maniac des Holzes, ein Besessener der Baumstämme, ein transkontinentaler Installierer entsprechender Objekte. Sein 50-Meter-Steg, den er mit Studenten baute, überquert in eleganter Bananenform den Weiher.

Die Krümmung will die Fliessrichtung des Gewässers, dessen Druck gegen den Steg sichtbar machen. Dieser ruht nicht auf Pfeilern, sondern auf Pontons, er hebt und senkt sich mit dem Wasserspiegel, er atmet gewissermassen, er schwimmt mit. Und Lärchenholz stapelt und staut sich an ihm, als sei man am Yukon River, als sei das Holz angeschwemmt worden. Die, wie Kawamata sie nennt, «Drift Structure», diese Hommage der Kunst an die Natur, ist ein kleines Abenteuer gerade für Familien. Allerdings muss man die Kinder im Auge behalten. Denn etwas hat die Brücke, die gern mit einem Biberbau verglichen wird, nicht: ein Geländer.

46.43061 📍 8.66341

Mario Bottas Kirche in Mogno
(TI)

Weit, weit oben an der Maggia liegt im Lavizzaratal Mogno. Der Zylinder im oberen Dorfteil lockt Leute von nah und fern. 1986 riss eine Lawine die uralte, Johannes dem Täufer gewidmete Kirche weg. Der Tessiner Architekt Mario Botta kam, sah und siegte gegen Widerstände. Er baute San Giovanni Battista neu als Spektakel der Linien und Flächen, als Dialog von Weiss, Grau und Schwarz, als Lichtspiel. Die Kirche und besonders ihr Portal hat maurisch-andalusisches Flair. Die Ornamente, das Mosaikartige, Regie und Regime der Sonnenstrahlen machen es aus: Gott ist in Mogno Geometrie.

46.97402 8.76222

Der Muotitaler Alpchäsmärcht
(SZ)

Die Leute, die da einmal im Jahr am *Alpchäsmärcht* in Muotathal zusammenkommen, scheinen aus einem anderen Jahrhundert zu stammen oder einem Bilderbuch hiesiger Ländlichkeit entsprungen zu sein. Das soll weder verniedlichend klingen noch städtisch-überheblich. Bloss ist es einfach so, dass es in der Schweiz Winkel gibt, in denen sich etwas gehalten hat, was anderswo entschwunden ist. Nur schon die Bärte der Älpler! Man gehe an den Markt, der jeweils im Herbst stattfindet. Das Mutoatal ist ein Gesamtkunstwerk von Menschen, Mythen und Mysterien: der Bödmeren-Urwald, die Karsthochfläche der Silberen, das Hölloch-Höhlensystem, die Alpen rundum mit Namen wie Grindsblacken, Goldplangg, Dräckloch, die Leute, die allesamt Betschart, Föhn, Gwerder zu heissen scheinen. Man schaut ihnen zu, wie sie sich einen Faserpelz oder eine Motorsäge kaufen, Kaffee mit Schnaps trinken, Schwyzerörgeli spielen – und hey, keine Angst, man kann mit ihnen reden. Sie er-

weisen sich als wirklich freundlich. Vor allem, wenn man mit einem Lob ihres Käses einsteigt.
PS: In der Nachbarschaft des Höllochs gibt es das Silberensystem, ebenfalls eine Abfolge von Höhlen, Gesamtlänge an die 40 Kilometer. Von der einen Höhle zur anderen kommt man in der Regel nur tauchend, die Siphons sind mit Wasser gefüllt. Ob eine Verbindung zum Hölloch besteht, ist unklar. Ein Artikel über die Silberen und das Bödmerengebiet in der Lokalzeitung war vor einiger Zeit mit dem Foto eines kreisrunden, dunklen Loches im Schnee illustriert. Ein sogenanntes Blasloch. Die Höhlenluft ist wärmer als die Luft im Freien und vermag an manchen Orten die Schneedecke dauerhaft zu durchbohren. Höhlenforscher entdeckten aufgrund der Blaslöcher schon unbekannte Höhleneingänge.

47.26319 7.65998

Der Dolmen auf dem Kirchhof Oberbipp (BE)

Ein Dolmen ist ein prähistorisches Bauwerk aus groben Steinen, eine Kammer, in der Regel hergerichtet als Grabstätte. Der Dolmen von Oberbipp lag mehr oder minder verschüttet in einer Wiese an der Steingasse, der Bauer musste den aus dem Boden schauenden Teil jeweils mit dem Traktor umfahren. 2011 realisierte man, um was es sich handelte, und legte das Ensemble frei. Man stellte fest: ein Dolmen! Einer aus der Jungsteinzeit, angelegt vor 5000 Jahren oder etwas mehr. Ein Kollektivgrab. Die Knochen von gut 30 bestatteten Menschen fand man und dazu einige von Menschenhand gefertigte Gegenstände. Imposant ist besonders die Abdeckung, eine Granitplatte von annähernd sechs Quadratmetern, die auf kleineren Tragesteinen aufliegt. Mittlerweile hat man den Dolmen zur nahen Kirche gezügelt, auf deren Hinterseite er am Rand des Friedhofs zu besichtigen ist. Allerdings ist nur die Deckplatte authentisch. Die Seitensteine waren in einem derart schlechten Zustand, dass man sie durch neuzeitliche Nachahmungen ersetzte.

PS: Die Kirche von Oberbipp ist auf die Reste einer Römervilla gebaut. Oberaargau, du hast Substanz!

46.55018 8.71106

Geogene Meromixis im Lago di Cadagno (TI)

Der Lago di Cadagno im Ritomgebiet hoch über Airolo ist eine gespaltene Persönlichkeit. Er besteht aus zwei total verschiedenen Gewässern. Die ersten paar Meter unter der Oberfläche sind sauerstoffreich und voller Fische. In der Tiefe aber ist das Wasser schwefelgesättigt und sehr salzig, es ist toxisch und stinkt faulig, in ihm leben nur gerade einige seltene Bakterienarten. Zwei Faktoren ermöglichen laut der Zeitschrift BEOBACHTER NATUR das Phänomen. Erstens wird die Frischwasserschicht oben durch Bäche gespiesen, die Schicht unten aber durch unterirdische Zuflüsse anderer chemischer Zusammensetzung. Zweitens funktioniert eine eineinhalb Meter hohe Zwischenzone voller Schwefelbakterien als Filter und verhindert, dass sich die beiden Schichten mischen. Man nennt das seltene Phänomen «geogene Meromixis»; das Ökosystem des kleinen Bergsees zieht jedes Jahr Forscher aus aller Welt an.

47.02396 9.23635

Der Charakterberg Spitzmeilen
(GL/SG)

Vorsicht, subjektiv! Der Verfasser dieses Buches will es wagen, den Spitzmeilen, der auf der Grenze der Kantone Glarus und St. Gallen steht, als charaktervollsten Berg der Schweiz zu bezeichnen. Der braune, freilich eher schwarz wirkende Kalkzacken von 2501 Metern, der sich aus einem ebenmässigem Sockel emporreckt, ist von weitem sichtbar. Hat man ihn einmal erblickt, wird man ihn nie mehr vergessen; der Spitzmeilen ist unverwechselbar – ein Zuckerhütlein über dem weiten Flumserberg, ein Pseudovulkänchen in Helvetien. Oder ist der Spitzmeilen gar nicht reizend, sondern böse? Bisweilen findet man nämlich, wenn die Wolken düster treiben, in Tolkiens Lande Mordor müsse es solche Berge geben. Die obersten 80 Meter scheiden übrigens die Menschheit. Die Wanderer kehren um, die Alpinisten erreichen den Gipfel in leichter Kletterei durch ein Couloir. Und da wir schon in der Gegend sind: Die nahe Spitzmeilenhütte liegt in einem Gebiet violetter Felsen und Steine. Sogar das vorbeifliessende Bächlein ist violett.

46.97614 9.15635

Wortwunder Sernf

(GL)

Sernf heisst bekanntlich der kleinere der beiden bedeutenden Glarner Flüsse; die Linth wäre der andere, grössere. Was für ein wunderlicher Name! Bastian Sick, Autor der Sprachkolumne *Zwiebelfisch* auf SPIEGEL ONLINE, erheitert sich darüber, dass es immer wieder Leute gibt, die grübeln, wie viele Wörter der deutschen Sprache auf *-nf* enden. Es seien, steuert er bei, drei, nämlich Hanf, Senf, fünf. Plus zwei Schweizer Importe, die Ortsnamen Genf und Sernf. Der Sernf ist somit Mitglied eines exklusiven Fünferclubs.

46.94435 📍 10.36203
Samnaun spricht Bairisch
(GR)

Samnaun am Ostrand des Kantons Graubünden ist ein Mundartkuriosum. Es ist die einzige deutschsprachige Gemeinde der Schweiz, deren Dialekt nicht zum Alemannischen gehört – man spricht in Samnaun Oberinntal-Dialekt, Tirolerisch, und ist damit Teil der bairischen Dialektgruppe. Ursprünglich gehörte der Ort zum rätoromanischen Sprachgebiet. Dann wurde er von Österreich her via Inntal germanisiert. Und eben, bairisiert.

46.59273 📍 7.10159
Nouthra Dona di Maortsè in Broc
(FR)

Unweit des Städtchens Greyerz steht im freien Land die Kapelle «Notre Dame des Marches» – *Marches* wie deutsch «Marschen» gleich Sumpfland. Ein kleines Wunder ist doch wohl ihr Name im Dialekt: «Nouthra Dona di Maortsè». Das Freiburger Patois wurde 1886 verboten, weil die Obrigkeit überzeugt war, dass die jungen Freiburger seinetwegen in den Rekrutenprüfungen schlecht abschneiden und so den Kanton zum Gespött der Nation machen würden. Aber ein wenig lebt die halbverfemte Sprache hier und anderswo in der Romandie weiter in all ihren blumigen Varianten. Dafür arbeiten verschiedene Patois-Gesellschaften. Diejenige des Kantons Freiburg heisst: *«Chochyètâ kantonale di patêjan fribordzê»*. Wichtigstes, stets mit Zärtlichkeit ausgesprochenes Wort des Freiburger Patois ist übrigens *Poya*. Alpaufzug.

47.34030 7.44030

Die Arche Noah von Vicques
(JU)

«Pont de Cran» heisst der Ort wenige Kilometer ausserhalb von Delémont, an dem die Strasse zur «Arche de Noé» abzweigt; wer kein Auto hat, legt von der gleichnamigen Haltestelle des Busses den letzten Kilometer zu Fuss zurück. Das Anwesen, dem Dorf Vicques zugehörig, liegt einsam, hinter ihm heben sich bewaldete Jurahügel aus dem Boden als Horizont der Geborgenheit. Zwei Giraffen bewachen den Eingang, auf dem Dach steht ein Nashorn. Dies ist das Reich des Christian Schneiter, eines Genieruf geniessenden Tierpräparators, der ein Museum aufgebaut hat: 2500 ausgestopfte Tiere von allen fünf Kontinenten, gruppiert in Ensembles und Tableaux. Man sieht Bären, Löwen, Luchse, Kängurus, Hyänen, Wiesel, Füchse, Murmeltiere, Rotwild und immer wieder Vögel: Kakadus, Eulen, Geier, Adler; auch den ausgestorbenen Dodo von Mauritius trifft man an in seiner plumpen Drolligkeit. Und in einer Ecke steht Harry Potter mit der Schneeeule Hedwig. Der Gang durch Schneiters zweistöckige Arche ist ein Fest der Farben und Formen, eine Feier der Natur, ein Versuch, tote Tiere am Leben zu erhalten mit allen Mitteln der Taxidermisten-Kunst; der leichte Chemiegeruch parfümiert die Visite aufregend. Und übrigens verpasse man beim Besuch nicht den kurzen Eingangsfilm im Hauskino: Man sieht, wie Schneiter mit einem Gehilfen eine Kuh sozusagen entkleidet, das Fleisch entfernt, schliesslich die Haut wieder überstreift und vernäht. Dieser jurassische Noah ist ein grosser Künstler.

46.52961 6.90128

Der Freiburger Fegefeuernachlass (FR)

Im Süden des Kantons Freiburg liegt Châtel-Saint-Denis, dessen deutscher Name Kastels Sankt Dionys verblichen ist. Die Pfarrkirche strebt hysterisch dem Himmel zu, Neogotik aus den 1870er Jahren. Der Friedhof ist ebenso ausladend dimensioniert. Ein emailliertes Riesenschild, gezeichnet mit Leo XIII., ist datiert auf den April 1893. Der Papst verspricht einen «Nachlass von sieben Jahren, anwendbar auf die Seelen im Fegefeuer». Erwirken können ihn alle Gläubigen, die hier beten. Gut zu wissen, wenn man davon ausgeht, dass es ein Fegefeuer gibt.

46.25700 📍 7.42600

Der unterirdische See von Saint-Léonard (VS)

Das Dorf Saint-Léonard zwischen Sitten und Siders hat eine Touristenattraktion der Sonderklasse. Gut 100 000 Menschen besuchen jedes Jahr seinen unterirdischen See, den grössten natürlichen Europas. Vom Bahnhof braucht man zu Fuss 20 Minuten zum Eingang inmitten der Rebberge. Am Kiosk mit dem Café zahlt man, steigt ab zur Barke unter Tag, lässt sich vom Führer über die dunkle Fläche rudern. Der See ist nur 20 Meter breit, dafür 300 Meter lang. Das glasklare Wasser ist immer 11 Grad warm oder kalt, kleine Buchten wecken Picknick-Lüste, über den Köpfen wölbt sich der gedellte Fels, für die fetten Forellen führen die Guides Futter mit. Im Jahr 2000 löste sich ein Zwei-Tonnen-Felsbrocken von der Decke. Darauf blieb der See für drei Jahre geschlossen, in denen man das Wasser abpumpte, Baumaschinen auffuhr und die Decke für 2,5 Millionen Franken befestigte. Tatsächlich sind beim genaueren Hinschauen Armierungseisen und schraubenähnliche Verankerungen zu erkennen. Ganz so natürlich oder, wie man neudeutsch sagt, «naturbelassen» ist der See also nicht. Trotzdem – der Besuch der Höhle, deren touristische Nutzung Ende der 1940er Jahre begann, lohnt. Dies auch dank hübsch diesseitiger Kommentare des Führers wie etwa: «Gott sei Dank ist dies Wasser und nicht Weisswein. Wir Walliser hätten den See sonst längst ausgetrunken.»

46.08061 7.40316

Die Staumauer Grande Dixence (VS)

Auf der Höhe von Pralong taucht das Gewaltsding auf, ein «Ah» schiesst durch den Bus, spätestens ab jetzt ist der Ausflug ein Traum, derart irreal monumental ist alles. Bei 285 Metern Höhe ist die Staumauer Grande Dixence zuhinterst im Val d'Hérémence die höchste Gewichtsstaumauer der Welt. Dieser Typus trotzt dem Wasserdruck allein durch sein Eigengewicht, wohingegen Bogenstaumauern den Druck auf die Seitenfundamente ableiten. Sechs Millionen Kubikmeter Beton wurden verbaut.

Der Bus stoppt in Dixence, Le Chargeur, der Endhaltestelle unterhalb der Mauer. Nun geht man hinüber zum Infopavillon und bucht eine Führung samt Seilbahnfahrt, von Le Chargeur fährt eine Gon-

del hinauf zur Mauerkrone. Doch vor allem Weiteren gönne man sich zuerst einen Kaffee vor dem Hotel-Restaurant Le Ritz, der alten Arbeiterunterkunft aus den 1950er und 1960er Jahren, als die Mauer entstand; die Seele will ankommen und sich in dem Ambiente einrichten.

Dann die Führung in die Mauer. 32 Kilometer lang sind die Gänge. Ein kleiner Abschnitt des Labyrinths wird begangen. Es feuchtelt. Es hallt. Es plitscht. Von weit her, von Zermatt und Arolla unter anderem, wird das Wasser diverser Bäche hinübergeleitet, um dem Lac des Dix, wie der Stausee heisst, genug Inhalt zu verschaffen.

Am Schluss der Führung gibt es, in einem Minikino, immer noch in der Mauer, einen sechsminütigen Film zu sehen, zusammengeschnitten aus dem originalen 16-Minüter von 1954. Betonkübel schweben am Seilbahnseil eingeklinkt in die Höhe; heroische Proletarier mit südländischen Gesichtern dienen zu; langsam wächst die Mauer; rundum gleissen die Berge. Überraschend der Name des Regisseurs. Jean-Luc Godard, die Kultgestalt der 1960er Jahre, realisierte hier sein Gesellenstück.

Soweit die Grande Dixence von unten und von innen; alsbald geht es mit der Seilbahn auf ihre Krone. Auch das ein Märchen. Auf einer Länge von fast 700

Metern promeniert der Tourist, als sei dies ein Seequai im Mittelland. Kinderwagen, Turnschuhe, Softdrinks im Hochgebirge – wirklich sehr unwirklich.

46.69372 9.46042

Die Steine von Crap Carschenna (GR)

Von Thusis steigen wir auf zur Burg Hohen Rätien. Der Ort hat schon mehrere Leben gelebt. Er war heidnischer Kultplatz, frühchristliche Taufstätte, mittelalterliche Trutzfestung. Ritter Cuno, den letzten Burgherrn, wollte das Volk massakrieren; er sprang, so die Sage, samt seinem Ross in die Tiefe. Nun visieren wir den Aussichtspunkt Crap Carschenna an. Bald sind da am Weg Schilder zu den Felszeichnungen; ihnen gilt die Wanderung. Sie liegen nah Crap Carschenna halb im Wald, halb auf einer kleinen Lichtung, über die – eine gute Hilfe beim Suchen – eine Starkstromleitung führt. Auf der Lichtung an der Geländekante (Vorsicht mit Kindern!) steht eine Infotafel. Hier entdeckte 1965 ein Forstingenieur unter Moos und Humus Wundersames: prähistorische Gravuren. Insgesamt elf Felsrücken aus Schiefer, glatt geschliffene Relikte der Gletscherzeit, wurden freigelegt, in die der Homo Vorzeit irgendwann zwischen 1800 und 600 vor Christus Sonnenkreise eingemeisselt hatte, Kreuze, Strichmännchen auf Strichpferden. Eine eindrückliche Sache, auch wenn viele der Gravuren stark verwittert sind. Der Platz hat Würde und Weite und Charisma, man blickt auf den 400 Meter tiefer das Domleschg mächtig durchströmenden Hinterrhein. In diesem Buch sei ein einziges Mal, nämlich in diesem Fall, das viel zu viel gebrauchte Wort erlaubt: Dies ist ein Kraftort.

47.33400 9.16268

Scherrers Höhle über dem Neckertal (SG)

Diese Höhle gibt es nicht! Sie ist auf keiner offiziellen Karte eingezeichnet, weder Wegweiser noch Wandersignaturen deuten auf sie. Diese Höhle gibt es sehr wohl! Bisweilen liest man im Internet Berichte von Wanderern, die Scherrers Höhle besucht haben. Meist sind es Einheimische. Leute, die im Neckertal wohnen, in Brunnadern, St. Peterzell, Mogelsberg.

Wie aber hinkommen? Laufen wir doch am Bahnhof Brunnadern-Neckertal los. In einer halben Stunde gelangen wir auf dem Necker-Fussweg zum Weiler Furth. Bei seiner Bushaltestelle verlassen wir die Strasse Richtung St. Peterzell bei der ersten Gelegenheit wieder, indem wir exakt bei dem Haus mit dem Erker (das sogenannte untere Türmlihaus) links einbiegen in ein Bauernsträsschen. Nun geht es kräftig aufwärts, bei einer Verzweigung halten wir rechts, also nicht hinauf nach Breiten. Ein Waldstück wird gequert. Bald darauf sehen wir zur Linken in einigem Abstand in erhöhter Stellung ein Haus. Danach ein Bauernhaus, wieder zur Linken, diesmal direkt an unserer Piste. Wenige Meter oberhalb etwas rechts am Waldrand steht eine Scheiterbeige, dort geht es in den Wald hinein. Und nun ein Sicherheitshinweis. Erzwingen dürfen wir nichts. Finden wir den schmalen Pfad nicht, der durch farnbestandenen Wald zielsicher auf die Höhle zusteuert, kehren wir um. Und auch auf dem Pfad ist Vorsicht geboten. Das Gelände ist abschüssig, man braucht gute Schuhe, Stöcke helfen, bei nassem Wetter ist das nichts.

Schliesslich die Höhle. Eigentlich handelt es sich um eine überhängende Nagelfluhwand von ungeheuerlicher Dimension. Fünfzig, sechzig Meter lang ist der von ihr geschützte, sommers und winters trockene, an einer Stelle tiefer in den Hang reichende Platz. Dies ist Scherrers Höhle. Eine Feuerstelle lädt zum Verweilen, Wasser rieselt über die Wand, man fühlt sich an diesem klandestinsten Ort der Ostschweiz irgendwie steinzeitlich. Leichter hernach die Fortsetzung. Man wandert leicht aufwärts und leicht rechts, ein Seil hilft über eine kurze Rutschpassage. Kurz darauf ist man aus dem Wald. Etwas unterhalb steht in der Wiese ein Gaden. Ein breiter Weg führt von dort hinab zum Weiler Enzenberg, wo man den Wanderweg hinab zum Necker oder hinauf zum Gerensattel findet.

Der Namenspatron der Höhle, das ist Alois-Josef Scherrer, 1874 bis 1948, aufgewachsen bei Mosnang, gestorben im Spital Wattwil, begraben in Mogelsberg. Er war ein Sonderling, der sich die meiste Zeit seines Lebens mit dem Herstellen von Böscheli, also Reisigbündeln, durchschlug. Ein Mann mit rotem Bart und kleinen, dunklen, zugekniffenen Augen, so ist er geschildert in einer prägnanten Kurzbiografie im Buch *Neckertal. Ein Wander- und Lesebuch* (TOGGENBURGER VERLAG). Seine letzten 18 Jahre verbrachte Scherrer in der Höhle oberhalb der Schluchenegg. Er hatte sich einen Holzverschlag gebaut, darin eine Pritsche. Im Winter roch es nach Feuer und Kaffee. Besuchern trug er seine theologischen Ansichten vor, der Bruder hatte bis zum frühen Tod mit 21 Theologie studiert und ihm etliche Bücher hinterlassen. Der «Böscheli-Scherrer», wie man ihn nannte: ein neuzeitlicher Eremit, an den die ältesten Neckertaler und Neckertalerinnen sich noch erinnern. Und eben, da ist diese Höhle, die seinen Namen bewahrt und in die Zukunft trägt.

47.64227 📍 8.60821

Das Kloster Rheinau
(ZH)

Wunder über Wunder. Erstens war der Gutsbetrieb der Rheinau einst schwer defizitär. Dann übernahmen landwirtschaftliche Neuerer, was die traditionelle Bauernschaft aufbrachte, sie protestierte und demonstrierte. Heute ist die Rheinau einer der grössten Biobetriebe der Schweiz und in den schwarzen Zahlen. Zudem ist sie bestens vernetzt mit der nahen psychiatrischen Klinik; man betreibt Schulprojekte und bietet Arbeitsplätze für Behinderte – eine grüne Erfolgsgeschichte von nationalem Zuschnitt ist das. Zweitens wusste man lange nicht so recht, was auf dem riesigen Areal des aufgegebenen Klosters Rheinau mit all den grossen Gebäuden Sinnvolles passieren könnte. Die Idee der Musikinsel kam auf, führte zu einer Stiftung, die durch das Geld des Industriellen und Politikers Christoph Blocher Kraft gewann. Mittlerweile ist der Betrieb samt Hotel eröffnet, Chöre und Musiker proben in der Stille, eine gute Sache. Und drittens ist da natürlich die Lage des auf das 8. Jahrhundert zurückgehenden Klosters, einer Barockburg, die einem irreal vorkommt. Ein paar Kilometer unterhalb des Rheinfalls hat der Rhein eine Doppelschleife tief ins Gelände gegraben. In der Senke ohne Fernhorizont verliert der Besucher jede Orientierung, er weiss nicht mehr, wo Norden ist und wo Süden. Die Rheinau ist ein Paralleluniversum.

46.73524 8.02364
Das Hotel Giessbach am Brienzersee
(BE)

Eigentlich sind es zwei Wunder: Das Hotel Giessbach ist nicht denkbar ohne die Giessbachfälle. Sie sind, mehr als dutzendfach gestuft, die Attraktion, die die Touristen bis heute lockt; mehr als 450 Meter stürzt das Wasser in die Tiefe. Der Brienzer Pfarrer Daniel Wyss, der sich in der ersten Hälfte des 19. Jahrhunderts für die Erschliessung der Fälle einsetzte, verlieh ihnen in jener Gründerzeit Namen mächtiger Berner, Schulthess von Steiger hiess der unterste Fall, Hans Franz Nägeli der nächste gegen oben, Adrian von Bubenberg der dritte. Ein zweiter Giessbachpionier war etwa zur selben Zeit der Brienzer Lehrer Johann Kehrli, der einen Fussweg vom See her anlegte. Er spielte Besuchern Alphornmelodien, während seine Kinder Gesänge und wohl auch Gedichte vortrugen. 1822 entstand ein Schutzhaus, zehn Jahre später ein Gasthaus. 1873 beauftragte die Hoteliersfamilie Hauser den französischen Architekten Horace Edouard Davinet mit dem Bau eines Hotels. Es entstand ein

Fantasiepalast, in dem fortan die europäischen Reichen und Adeligen abstiegen. Ihr *Plaisir* war die hoteleigene Seilbahn vom See her. Zwei Weltkriege ruinierten alles, der Niedergang begann, 1979 schloss das Hotel. Es kursierten Pläne, an seiner Stelle ein Betongebäude zu bauen, ein sogenanntes Jumbo-Chalet. Dann kam der Umweltschützer Franz Weber, errichtete eine Stiftung, erwarb das Hotel, verschaffte ihm Denkmalschutz. 1984 wurde es wiedereröffnet – ein Fall von mirakulöser Wiederauferstehung.

46.78075 📍 6.65660

Das Alignement von Clendy bei Yverdon (VD)

Vom Bahnhof Yverdon ist man schnell am Stadtrand bei der Megalith-Anlage von Clendy. Stonehenge, wie Englands weltberühmtes prähistorisches Bauwerk heisst, ist das nicht. Aber immerhin. 45 Steine stehen auf der weiten Fläche am Rand eines schütteren Wäldchens. Die grössten ragen über vier Meter hoch auf. Die Steine gruppieren sich zu Linien und Halbkreisen. Manche sind bearbeitet, haben eine Kopfbeule oder menschenähnliche Umrisse. Dass sie uns Heutigen bekannt und zugänglich sind, hat mit der Juragewässer-Korrektion des 19. Jahrhunderts zu tun. Der Spiegel des Neuenburgersees senkte sich. 1878 entdeckte man das «Alignement», die Aufreihung von Clendy; später richtete man es wieder her. Welche Art von Kult vollzog sich um diese Steine? Man weiss es nicht. Hingegen glauben Experimental-Archäologen erkannt zu haben, wie die Kolosse einst transportiert wurden. In Bougon in Frankreich bewegten 1979 rund 200 Freiwillige einen 32-Tonnen-Block. Zuvor hatte man Eichenholzbalken wie Schienen ins Gelände gelegt. Auf sie platzierte man hölzerne Querrollen, auf denen nun der Block mit Seilen vorwärtsgezogen wurde. In die Senkrechte bringt man einen solchen Block so: Man schleift ihn bis an den Rand einer Grube, hebelt ihn mit Stangen in die vertikale Position, wobei von der anderen Seite weiter mit Seilen gezogen wird. Der Block rutscht in die Grube, die wird zugeschüttet: Geburt eines Megalithen. Die Jungsteinzeit, in der die Leute sesshaft wurden und zu bauern begannen, machte die Monumente möglich. In der Jägergesellschaft hatte es an Menschen gefehlt, um ein solches Gemeinschaftswerk zu vollbringen, das Vorbereitung, Organisation, planmässiges Handeln braucht. Nicht zu unterschätzen der Aufwand für die Hilfsmittel: Die Fertigung der Seile, etwa aus Flachs, war mühevolle Handarbeit. Späteren Menschen kamen die Menhire unglaublich, ja unheimlich vor. Als die Religion der Jungsteinzeit verblasste, störten die Menhire, die stehenden Steine, gar. Manche wurden gestürzt. Dass der Kelte Obelix im Comic Hinkelsteine (ein anderes Wort für Menhire) herumschleppt, ist historisch gesehen übrigens schief. Den Kelten bedeuteten die grossen Steine kaum noch etwas.

47.10184 9.35109

Das Kirchlein St. Georg über Berschis (SG)

Unweit von Flums liegt das Dörflein Berschis. Fast jeder kennt das weisse Kirchlein auf dem Felssporn kurz nach Walenstadt, zu sehen wenn man von Zürich nach Chur fährt. Die St. Georgskapelle, bei Berschis gut 150 Meter über dem Tal der Seez thronend, markiert einen Ort, der schon in prähistorischer Zeit besiedelt war; der Georgenberg ist eine natürliche Festung. Aus spätrömischer Zeit stammen der Treppenweg und die Zisterne. Das Kirchlein selber ist wohl gut 1000 Jahre alt und vom Baustil her Romanik; eine gedrungene Gottesburg. An einer Wand sieht man Petrus mit dem Himmelsschlüssel, daneben das christliche Bekenntnis: «*Ich gloub in Gottfater den Allmechtigen Schopfer himels und der erden und in sin einigen Suon.*» Architekturgeschichtler lieben St. Georg. Es enthält – ein Unikum weitum – inwendig gleich zwei

Schiffe. Im 17. Jahrhundert wurde wohl der Platz knapp. Auf jeden Fall schluckte das Kirchlein das nebenstehende Eremitenhaus und verdoppelte sich so quasi; seither ist sein Grundriss fast quadratisch. **PS:** Eine Liste der Leute, bei denen man den Schlüssel für das Kirchlein bekommt, findet man auf www.berschis.info unter «Links». (Siehe auch Eintrag «Das Kopfwehloch von St. Georg» Seite 101.)

46.56195 8.34482

«Grimselblick» im Winter
(VS)

In Oberwald zuoberst im Goms empfängt den Zugreisenden im Winter eine Giftkälte. Knochenbeissender Frost. Bei der Kirche steht ein Schneemobil mit geschützter Kabine und erinnert an das Papamobil. Ein paar Leute steigen ein, sie werden zum «Grimselblick» hinauf fahren. Laufen ist viel schöner. Man hat während der vier Gehstunden Musse, Bergzacken zu betrachten und in wattierte Seitentäler zu spähen. Der Weg führt zunächst auf der schneebedeckten, für den Winterwanderer hergerichteten Passstrasse bergan Richtung Gletsch, im Hotel Rhonequelle gibt es, dies nebenbei, grandiose Fleischteller. Danach emanzipiert sich die gewalzte Fusspiste von der Strasse. Durch den Bannwald und über Alpböden gewinnt man Höhe, kommt endlich schwitzend und keuchend zum Scheitelpunkt auf 2205 Metern. Nun geht es zur Passhöhe und dem Übernachtungsort etwas abwärts. Das Hotel Grimselblick darf man durchaus als Wunder bezeichnen. Nun, nicht grundsätzlich, denn es ist ein recht durchschnittliches Berggasthaus. Aber dass auf einem Schweizer Alpenpass dieses Kalibers, dessen Strasse gesperrt bleibt bis zum Frühling, im Winter Übernachten möglich ist, das ist weitum eine Rarität. Im «Grimselblick», dessen Fassade mit Eiszapfen behangen ist, wird man nach dem Essen gut schlafen. Oder doch nicht? Die Stille, wenn man nachts einmal das Fenster öffnet, ist schockierend. In der Senke vor dem Haus liegt das Totenseeli. Die Walliser, bekanntlich ein streitbares Völkchen, sollen vor gut 800 Jahren Scharen von Soldaten des Zähringerherzogs Berthold V. ins Wasser getrieben haben. Und angeblich endeten im Seeli später auch etliche Soldaten der Kriegsherren Suworow und Napoleon. Es liegt direkt an der kontinentalen Wasserscheide. Sein Wasser fliesst, seit eine Staumauer gebaut wurde, in den Grimselsee und weiter über die Aare Richtung Nordsee. Früher hingegen, als mit seinem Wasser ein Kleinwasserkraftwerk in Gletsch gespiesen wurde, floss dieses in den Rotten und somit ins Mittelmeer.

47.39145 📍 8.05151

Die Bahnhofsuhr von Aarau

(AG)

In Aarau hängt an der Aussenfassade des Bahnhofs seit 2010 die grösste Bahnhofsuhr des Landes. Ihr Zifferblatt hat einen Durchmesser von neun Metern und erstreckt sich über drei Stockwerke. Die ersten drei Jahre nach der Montage sagten die Aarauerinnen und Aarauer mit einigem Stolz, es handle sich um die grösste Bahnhofsuhr Europas. Dann meldete sich bei der AARGAUER ZEITUNG ein Leser und teilte mit, dass es unweit von Paris eine grössere Uhr gebe; die Uhr am Bahnhof von Cergy-Saint-Christophe sei mit zehn Metern die grösste von Europa. «Den Knacks im Selbstbewusstsein muss man hinnehmen», schrieb die Zeitung.

47.74478 📍 8.52179

Die Alp Babental bei Schleitheim

(SH)

Man verbindet den Kanton Schaffhausen mit dem Rheinfall, dem Munot, Weinen wie Wilchinger und Hallauer. Aber eine Alp? Oberhalb von Schleitheim liegen auf gut 600 Metern über Meer in einem vier Kilometer langen Tal die Alpböden von Babental. Es handelt sich um eine der tiefstgelegenen Alpen der

Schweiz (siehe auch «Herrlibergs Blüemlisalp» Seite 101). Der Betrieb ist mehr als 100 Jahre alt, man sömmert Rinder, und weil auf dieser Höhe respektive Tiefe der Herbst viel später kommt, dauert die Saison gut doppelt so lang wie im Gebirge: Bis 24 Wochen lang ist sie. Zum Babental gehört eine zünftige Beiz gleichen Namens; sie ist weitum bekannt als Hort der Ländlermusik und des volkstümlichen Schlagers. Babental: eine Schaffhauser Überraschung.

46.71855 7.70701

Die Hängebrücke von Sigriswil

(BE)

Die Brücke ist der Gewalt der Landschaft angemessen. Von Sigriswil über dem rechten Ufer des Thunersees sieht man ein Felsband aus Nagelfluh. Darüber hockt das Dorf Tschingel; der Name kommt vom Lateinischen *cingulum* gleich Band oder Gürtel (siehe auch «Der Creux-du-Van über Noiraigue» Seite 166). Unterhalb nimmt die Gummischlucht Gestalt an. Ihr Name ist offenbar abgeleitet vom keltischen Wort *kumba,* Tal, Schlucht, Eintiefung (die französische Geländebezeichnung *combe* geht auch auf das Wort zurück). Die 2012 eingeweihte Hängebrücke, 340 Meter lang, überspannt die Gummischlucht auf 182 Metern Höhe. Der Tiefblick ist freiwillig, denn die Seitenwände reichen dem Begeher freundlicherweise bis zur Brust. Sehr beruhigend auch, dass das bläulich schimmernde Metallding 1360 Menschen à je 75 Kilo tragen mag.

47.03552 8.46923

Das Felsentor auf der Rigi
(LU)

Am schönsten erreicht man das Felsentor von Weggis aus, freilich ist der Wanderweg steil und streng. Alternativ steigt man bei der Bahnstation Romiti Felsentor unterhalb Rigi-Kaltbad aus dem Zahnradzuckelding und ist schnell dort. Felsentor: Das ist zum einen ein Bildungszentrum mit einer den Vierwaldstättersee souverän präsentierenden Terrasse; hinter der Einrichtung steht ein Spross der CALIDA-Pyjama-Dynastie, der auch Zen-Mönch ist und die Einrichtung sponsert. Zum anderen ist da die Felsformation, die den Namen spendet. Zwei 30 Meter hohe Pfeiler, gedeckt von einem Flachstein, fungieren als monumentale Pforte und schaffen eine Naturklause. Einmalig, dies Eintreten und Geborgensein und am Ende wieder Austreten. Weniger gefühlig kann man sagen: Das Felsentor wirkt wie die Haustür von King Kong. (Siehe auch Eintrag «Sonnenaufgang auf der Rigi» Seite 137.)

47.30281 📍 8.61628
Herrlibergs Blüemlisalp
(ZH)

Auch die Zürcher Goldküste hat eine Alp. Sie ist ebenso niedrig gelegen wie die weiter vorn erwähnte Alp Babental im Schaffhausischen. Siedlungsstreifen beengen sie oben und unten: das Forchgebiet zum einen, die Agglodörfer am Zürichsee zum anderen. Und doch handelt es sich bei der Blüemlisalp um eine echte Alp, auf der junge Rinder gesömmert werden. In der zugehörigen Bauernwirtschaft verkehren Wanderer, Hündeler, Städter auf Landexkursion und die globale Wirtschaftselite samt Kind und Kegel. Der TAGES-ANZEIGER reportierte den Dialog zweier ausländischer Gäste im Teenageralter beim Studium der Speisekarte. Der eine Bub fragte leicht verzweifelt den anderen: «*What's Wädli?*» Und der andere sprach versonnen zu sich selber: «*I'll take the Fleischchäs.*»

47.10184 📍 9.35109
Das Kopfwehloch von St. Georg
(SG)

Die St. Georgskapelle über Berschis birgt ein sogenanntes Kopfwehloch. Der erste schriftliche Nachweis stammt von 1631. Damals kam der Churer Generalvikar Casper Sayn zur Inspektion und notierte:

«Hinden im Altar ist ein Loch, darin vil Leut ihre Kopf für dz Hauptwe halten.» Wer den schmerzenden Kopf in das Loch knapp über dem Boden stecken will, muss auf die Knie gehen und sich bücken, Vorsicht, Hexenschussgefahr! Drinnen herrscht, so das ST. GALLER TAGBLATT, «angenehme Kühle». Nicht belegt ist, ob man mit dem Kopf im Loch betete. Oder summte. Das Kopfwehloch wäre in diesem zweiten Fall, was man «Summloch» nennt; die durch die eigene Stimme verursachten Vibrationen können, heisst es, einen Kopfschmerz lindern.

47.12670 8.75025

Der Rosoli von Einsiedeln
(SZ)

Einsiedelns Rosoli gehört als Notfallwasser in jeden Wandererrucksack; er ist einer jener Liköre, die nach Drogerie riechen und schmecken. Zusammensetzung: entmineralisiertes Quellwasser, Kernobst-Branntwein, Dörrkirschen, Sternanis, Zimt, Zucker. Es handelt sich nicht um eine Erfindung der Schwyzer, nein, diese haben das Rezept in Zeiten der Armut geklaut – Industriespionage auf den norditalienischen Viehmärkten, wo es den «Rosoglio» gab. Der Rosoli schmeckt noch besser als seine Geschmacksverwandten, der Appenzeller Kräuterbitter und der Ramazzotti. 1783 hat ihn schon der Einsiedler Abt Beat Küttel getrunken, das ist urkundlich belegt. Kaufen kann man ihn zum Beispiel im «Tulipan» in Einsiedeln. An kühlen Tagen wärmt er wirksam und erweist sich als Alkoholwunder. Aussprachetipp: Einheimische sagen «Rosouli».

47.61552 8.75311

Die Schwimminseln auf dem Barchetsee (TG)

Von der Station Ossingen gelangt man in 45 Minuten zu Fuss zum Barchetsee, einem schwer zu überblickenden Kleingewässer. Rundum Wald und Büsche, Ried und Sumpf, zur rechten Jahreszeit ist das Froschgequake ohrenbetäubend. An einer Stelle ist immerhin ein Grill- und Badeplatz eingerichtet, von dem aus wir rekognoszieren können. Auf dem See gibt es nämlich eine Rarität zu sehen, schwimmende Inseln. Dass es diese Inseln gibt, die von der Strömung und dem Wind bewegt werden und mal hier und mal da anlegen, bis sie wieder weiterdriften, hat mit der Herstellung von Barchet oder Barchent zu tun, einem in Barchent-Webereien gefertigten Mischgewebe aus Leinen und Baumwolle. Dazu muss man Hanfstängel wässern. Am Barchetsee war es schwierig, über den Schwingrasen, ein schwimmendes Geflecht von

Sumpfpflanzen, ans offene Wasser zu gelangen, um den Hanf einzulegen. Man stach Stücke des störenden Schwingrasens ab und schob sie in den See hinaus. So kam es zu den schwimmenden Inseln.

47.4401 8.55784

Das «Runway 34» in Glattbrugg (ZH)

Man ist und isst hier pistennah; sitzt man sommers draussen auf der Terrasse, heulen die grossen Maschinen vom Flughafen Zürich (siehe auch Eintrag «Die Glocke im Flughafen Zürich» Seite 172) gleich nach dem Take-off über einen hinweg. Doch kein Gast würde sich über den Donner beschweren. Das «Runway 34» ist in unserem, was die Themengastronomie angeht, eher fantasiearmen Land eine Ausnahme, eine Trouvaille, ein origineller Ort. Zentriert ist es um die alte, 1992 ausrangierte Iljuschin; das russische Flugzeug ist Herzstück und wichtigstes Dekorobjekt des Restaurants. Im Runway 34 kehrt man nicht ein, sondern man checkt ein und bekommt gleich einen Tisch, pardon, eine Reisedestination wie Las Vegas zugewiesen. Man sitzt in Flugzeugsitzen. Das Servicepersonal trägt Flight-Attendant-Kluft. Zum Rauchen verzieht man sich in die zur Zigarrenlounge umgerüstete Iljuschin, wobei man einen

Blick in das Cockpit wirft. Ideal kombinierbar ist der Restaurantbesuch mit einem Flug. Nun gut, er ist nur simuliert, dafür darf man Pilot spielen: Gleich nebenan gibt es nämlich die «Sim Academy». In ihr kann man, den Instruktor zur Seite, im Cockpit einer BOEING 777 oder auch eines Helikopters Platz nehmen und abheben. Eskapismus in Glattbrugg.

46.34808 7.99838

Der Massaweg nah Blatten (VS)

Blatten bei Naters erreicht man in einer halbstündigen Busfahrt vom Bahnhof Brig aus. Am zentralen Wegweiser ist der Massaweg verzeichnet: zweidreiviertel Stunden bis zur Gondelstation Ried-Mörel. Aus dem Dorf und bald rechts in den Hang und über den Bruchi-Bach in den Wald; Findlinge, umgestürzte Bäume, verkeilte Felsblöcke und der Boden ein Teppich aus Baumnadeln. Sanft geht es aufwärts. Dann abwärts und auf einem Strässchen zur Brücke unterhalb des Gibidum-Stausees. Weiter unten verengt sich der Fahrweg zum Pfad. Nun beginnt das Abenteuer. Hohe Senkrechtwand links. Tiefe Schlucht rechts mit der Massa, dem Schmelzwasser des Aletschgletschers. Und zwischen den Extremen in der Wand der Massaweg, sich um Felsvorsprünge windend, eine Geröllhalde querend, kurz durch einen Tunnel und einmal auch über Stege verlaufend. Gut eine Stunde dauert das Schluchterlebnis. Eine Wasserleitung, die Suone Riederi, zog sich schon 1385 durch die Wand, wurde freilich später auf neuer Bahn verlegt. Der «Sander» schritt die Suone täglich ab, putzte Gletschersand aus den Holzkänneln, in schwindelnder Höhe. Der Steig war lebensgefährlich. Erst 1996 wurde er touristentauglich, indem man Passagen verbreiterte, Wegstücke aus dem Fels sprengte, Ketten anbrachte. Heute verlangt er bloss eine minimale Schwindelfreiheit und Trittsicherheit. In einer Madonnen-Nische ist ein Schild angebracht: «Am 16. Mai 1927 stürzte unser Grossvater Emanuel Margelisch ... in unmittelbarer Nähe zu Tode.»

46.54891 8.56779

Die Tremola über Airolo
(TI)

Wer zu Fuss über den Gotthardpass geht, von Airolo nach Hospental, was knapp sechs Stunden dauert, kommt auf der Tessiner Seite bald einmal ins Tremolatal. Die alte Passstrasse in diesem Tal, längst ersetzt durch eine modernere mit vielen Brücken, Tunnels, Galerien, wird von Liebhabern noch befahren und ist grossartig. Es eignet der alten Piste, gewissermassen längstes historisches Monument der Schweiz, Stofflichkeit. Die bauchigen Stützmauern, die Haarnadelkurven, die Pflasterpartien sind Strassenerotik.

47.47022 9.28154

Das personallose Hotel von Waldkirch (SG)

In Waldkirch, knapp zehn Kilometer von St. Gallen entfernt, steht das Towerhotel, realisiert 2009 in einer umgebauten Futtermühle, die weit und breit das höchste Gebäude ist. Es handelt sich um ein Hotel ohne Personal. Die Reception besteht aus einem Automaten, der durch die Buchung führt und den Zimmertür-Code ausgibt. Das klingt ein wenig unheimlich. Was, wenn im Zimmer nebenan ein Serienkiller wohnt? Dann ist man noch alleiner.

47.71027 8.82137

Moskau in Ramsen (SH)

Moskau ist ein Weiler der Schaffhauser Gemeinde Ramsen an der Grenze zu Deutschland. Schön ist die Ballung von Gewerbebauten und Zapfstellen nicht, sie würde wohl nirgendwo erwähnt werden, wenn sie nicht diesen Namen trüge. Er wurzelt in der Zeit Napoleons, der Europa durcheinanderwirbelte. In

den Koalitionskriegen lagerten in der Gegend um 1799 russische Truppen, Gegner der Franzosen. Später grub ein Bauer beim Hausbau Hufeisen aus und hielt sie für russisch – er taufte den Ort Moskau. Ganz in der Nähe gibt es auch ein «Petersburg», das auf einen Bauern namens Peter («Peters Burg») zurückgehen soll.

47.43822 7.57132

Die Wappen beim Chessiloch

(BL)

Vom Bahnhof Grellingen im Laufental spaziert man in einer halben Stunde mehr oder minder ebenaus nah der Birs zum Chessiloch. Es handelt sich um eine Höhle, in der bereits vor 14 000 Jahren Menschen hausten. Wer einen Familienausflug plant: Grillecke vorhanden, herrlich kann man auf dem Areal mit Kindern Vorzeit spielen. Reizvoll die Rampe in der Felswand zu einem Übersichtspunkt ein paar Meter über dem Boden. Wappen prägen den Platz. Im ersten Weltkrieg bewachten Soldaten die strategisch wichtige Stelle, an der die Eisenbahn die Birs quert. Sie biwakierten, warteten auf den Feind, waren bange und langweilten sich und hinterliessen ein Zeugnis ihrer selbst: Wappensteine und in den Fels geritzte Wappen. Da ist zum Beispiel ein Schweizer Kreuz.

Im Querbalken steht: «Bern». Und darunter: «LdW Schützen 131 Komp. III, 1917». Die alten Zeichen berühren, gerade weil sie ein wenig unbeholfen ausgeführt sind. Man spürt das Heimweh der Wächter von einst.

47.06293 7.63402

Das Siechenhaus von Burgdorf
(BE)

Östlich des Bahnhofs Burgdorf liegt, vom geschäftigen Ort durch die Emme getrennt, in ländlichem Grün das Siechenhaus. Es handelt sich um eine Schweizer Seltenheit: Gotik ausserhalb der Stadt. Das Sandsteingemäuer mit Walmdach und zugehöriger Kapelle entstand zu Beginn des 16. Jahrhunderts. Für die Aussätzigen, an der Lepra Erkrankten, wurde gesorgt, man liess sie baden und schwitzen, schröpfte sie, kochte für sie; wer Geld hatte, bekam etwas mehr Komfort, wer keines hatte, schlief in der Gemeinschaftskammer. Es gab einen Stall und einen Gemüsegarten, man versorgte sich selber. Von den Leuten, die auf der Landstrasse zwischen Siechenhaus und Kapelle durchzogen, durfte man Almosen erheischen. Die Verstossung war allerdings lebenslänglich, heim kehrten die Aussätzigen nicht mehr. Begraben wurden sie auf dem hauseigenen Friedhof.

47.27511 📍 8.33797

Die Glasmalereien im Kloster Muri (AG)

Man könnte über die Schönheiten und Eindrücklichkeiten des Klosters Muri, Hauskloster der Habsburger, ein Buch schreiben. Nur schon die Habsburgergruft in der Loretokapelle der Klosterkirche: Im Urnenstein hinter dem Altar ruhen die Herzen des letzten österreichischen Kaiserpaares, von Karl I. und seiner Gattin Zita von Bourbon-Parma. Das schlagendste, das zugänglichste, das einleuchtendste Mirakel der riesigen Klosteranlage aber sind die Fenster des dreiarmigen Kreuzganges. Es sind 19 Stück, jedes mit mehreren Scheiben. Sie zeigen Glasmalereien von einer Farbenpracht und einem Detailreichtum, dass man denkt: Auch in der Renaissance hatten sie schon *High Res.* Mitte des 16. Jahrhunderts begann man mit dem Einbau solcher Scheiben, die in der Regel von Gönnern und Freunden des Klosters gestiftet wurden als Investition ins eigene Seelenheil. Die einen Scheiben zeigen ihre Stifter, die anderen Heilige und wieder andere Bibel- und andere Szenen, und alles ist eine Pracht; diese Glasmalereien von Meistern wie Carl von Egeri und Heinrich Leu sind landesweit einzigartig. Zwischenzeitlich waren sie übrigens im Exil. Nach der Aufhebung des Klosters kamen sie 1841

nach Aarau und blieben dort über ein Jahrhundert lang, bis sie wieder an den Ort durften, zu dem sie gehören. Es sind Explosionen der Buntheit.
PS: Der Eintrag «Glasgemälde des Klosters Muri» in der Online-Enzyklopädie WIKIPEDIA bietet einen grossartigen Service: eine Liste aller Fenster und ihrer Motive. Sie ist überaus lehrreich. Ausdrucken und mitnehmen!

47.35398 9.31218

Die «Mühle» der Oertles in Hundwil (AR)

Die Strasse von Hundwil nach Zürchersmühle, ein enger Rank, die «Mühle». In dem Haus von 1780 wirtet und backt über Generationen die gleiche Familie, auch eine Milchsammelstelle ist eingerichtet. Man darf die Oertles getrost als die Spezialisten im Land für Nussgipfel, Holzofenbrot, Honiggebäck bezeichnen. Wer sie aufsucht, kaufe unbedingt einen Mandelfisch und einen Biberfladen, *gföllt* oder *oogföllt.* Im Lädeli im ersten Stock duftet es unnachahmlich nach Frischgebackenem. In der Gaststube daneben bleibt keiner allein; hier reden alle mit allen. Wem die 20 Gehminuten vom Dorf zur Oertlesmühle zu weit sind, der kann im «Hirschen» im Dorfkern von Hundwil oder auch in der Bäckerei Sonne in Ur-

näsch die Waren der Oertles kaufen und so zu einem Stück – wir riskieren das Wort – Heimat kommen. (Siehe auch Eintrag «Die sprechende Brücke von Hundwil» Seite 139.)

47.33351 8.50988
Das Eibenwunder vom Albis
(ZH)

Man weiss nie recht, ob die Eibe Busch ist oder Baum. Ihr lateinischer Name «Taxus» geht auf das Altgriechische zurück, *Taxos* ist der Bogen. Die Eibe lieferte das gute Holz für die Schusswaffe, hart und doch biegsam. Ganz in der Nähe der Stadt Zürich wird fündig, wer Eiben sucht. Der TAGES-ANZEIGER titelte einen Artikel: «Robin Hood würde ausflippen: So viele Eiben auf einmal.» Es folgte ein Bericht über einen Ausflug in die steilen Hänge der Fallätsche am Albiskamm oberhalb von Zürich-Leimbach. Um den Rütschlibach gedeihen dort die Eiben sensationell und bilden Wälder. Es kommen Forstwissenschaftler auch aus anderen Ländern, sie zu bestaunen; anderswo sind sie selten oder gar ausgestorben. Am Uetliberg und der Albiskette wachsen so viele Eiben wie in ganz Deutschland, wo sie geschützt sind. Das Militär ist offenbar, so der Artikel, mitschuldig am Gedeihen hiesiger Eiben; die ständige Knallerei auf der Allmend Brunau vertrieb demnach die Rehe, die sich gern an den jungen Trieben gütlich tun. Als Mensch ist man gut beraten, die Tiere nicht nachzuahmen. Die Eibe ist hochgiftig, was man schon in der Antike wusste. Eine Handvoll Nadeln bringt einen Erwachsenen um. Laut Julius Caesar begingen Germanen, wenn ihnen die Gefangenschaft drohte, Selbstmord, indem sie einen Eibensud tranken.

Apropos Tod und Verderben: Der Hang mit den Eiben ist extrem steil und rutschig. In der Fallätsche (bisweilen auch «Falletsche» geschrieben) gerieten schon Leute in Bergnot und mussten mit dem Helikopter gerettet werden.

47.17927 8.45952

Chams namenloser Bischof

(ZG)

«Den heiligen Bischof ohne Nam / Ruft man für kranke Kinder an / Denselben er treulich helfen thut / zu Chaam, wo Er in der Kirche ruht.» Etwas holprig, der Pilgerspruch aus dem 18. Jahrhundert. Tatsächlich gibt es in der Pfarrkirche von Cham im Kanton Zug einen Sarkophag, in dem die Gebeine eines Bischofs ruhen, der keinen Namen hat. Das ist ziemlich besonders, denn er war ja eben ein Bischof. Für kranke Kinder ist er zuständig, weswegen Eltern bisweilen ein Kin-

derfoto oder eine handschriftliche Fürbitte auf den Sarkophag legen. Der Bischof soll um das Jahr 1000 von den Niederlanden angereist und im Messgewand zusammengebrochen und gestorben sein, just als er dem Kirchenvolk den Segen erteilte. Und offenbar ruhte der Sarkophag ursprünglich in einer anderen Zuger Kapelle, St. Andreas. So weit ein gekonnt Legende und Fakten entwirrender Artikel in der NEUEN LUZERNER ZEITUNG. 1943 erwirkte ein Lokalhistoriker die Erlaubnis, den Sarkophag zu öffnen. Er fand nicht die Gebeine eines, sondern zweier Erwachsener. Vermutlich handelt es sich um die ersten beiden Priester Chams, die im Umfeld von St. Andreas wirkten. Und der Bischof? Ob es den gegeben hat, ist mehr als fraglich.

47.15922 📍 7.68680

Die Findlinge von Steinenberg / Steinhof (BE/SO)

1867 lanciert der Genfer Geologe Alphonse Favre seinen *Appel aux Suisses.* In flammenden Worten beschwört er seine Landsleute, die Flüchtlinge zu schätzen und zu schützen, die so lange schon unter ihnen weilten und sich doch nicht geborgen fühlen dürften. Favre meint die Findlinge, die damals allenthalben gesprengt und als Material für den Bahnbau genutzt werden. Der Aufruf zeigt Wirkung. Findlingsbegeisterung flammt im jungen Bundesstaat auf. Mancherorts werden die erratischen Blöcke unter Schutz gestellt. Das gilt auch für die Findlinge vom Steinenberg und von Steinhof.

Der Steinenberg erhebt sich am östlichen Dorfrand von Grasswil, einem Dorf im Oberaargau. 1966 zählten Seminaristen die Findlinge auf ihm und kamen auf 495. Einige Findlinge wiesen Bohrlöcher und Sprengspuren auf, Erinnerungen an die Zeit des gezielten Abbaus. In andere waren prähistorische Schalen graviert. Wer die Steine, die zum Teil prächtig vermoost sind, besichtigen will, braucht Zeit und nimmt mit Vorteil eine Karte mit, um sich orientieren zu können. Mit Kindern könnte man «Such-den-Findling!» spielen. Der Rhonegletscher war es notabene, der die Kolosse über 200 Kilometer weit ins Mittelland trug; die Reise dauerte mehrere tausend Jahre.

In Steinhof, dem gut zwei Kilometer weiter nördlich auf einem Plateau angelegten Solothurner Dorf, steht der grösste Findling des Mittellandes, die Grosse Fluh (Koordinaten im Titel). Dem 3500-Tönner aus Gneis ist ein Menhir beigestellt, ein Mini-Matterhorn. So dominant und gleichzeitig so neckisch ist das Duo, dass es im Mittelalter dem nahen Bauerngut und damit dem Dorf den Namen gab. Auch die Adelsherren vom Stein bezogen ihren Namen von hier. Und das alte Gemeindewappen (mittlerweile hat man mit Aeschi fusioniert) nahm das Motiv auf, indem es einen Steinbock zeigte.

46.85498 9.31517

Die Treppe von Flims

(GR)

Wenn man vor dem Berghaus Bargis aus dem Bus von Flims her steigt, steht man am Anfang eines reizenden Hochtals, durch das der poetisch klingende Bach Aua da Mulins fliesst. Zur Linken ragt der Klotz des Flimsersteins empor, ein annähernd viereckiger Berg, den auf allen Seiten jäh abfallende Wände begrenzen. Wie eine gestauchte Schuhschachtel sieht er aus. Wie ihn ersteigen? Es ist einfacher, als man meint. Durch die Wand oberhalb von Bargis zieht sich eine ebenmässige Rampe. Breit ist sie und mit Steinen gepflästert, rechterhand schützt ein Drahthag den Fussgänger vor dem Abgrund. Komfortabel und doch selten spektakulär gestalten sich also die 500 Höhenmeter bis zu den Alpgebäuden von Tegia Gronda, wo man sanftgrüne Weiden erblickt. Die «Scala mola», wie der Weg heisst, dient dem Viehauf- und -abtrieb und wurde 1645 gebaut. Freilich war die

Scala von Flims damals viel gefährlicher, jährlich stürzten ein paar Stück Vieh zu Tode. Gut 220 Jahre später wurde um- und ausgebaut, seither lieben die Älpler und auch die Wanderer diese Route.

47.25799 9.26931

Das Ofenloch, unser Grand Canyon (SG)

Huflattich, Findlinge, moderndes Schwemmholz, Moosflächen, geschliffene Flusskiesel, Höhlen. Und all das auf beiden Seiten eng gefasst, ja bedrängt von endlos hohen, glatten Molassewänden: Das ist das Ofenloch. «Grand Canyon der Ostschweiz» wird es bisweilen genannt, was leicht lächerlich klingt, aber trotzdem etwas hat. Einsam ist der Schlitz und still, einzig das Rieseln kleiner und grosser Wasserkaskaden ist zu hören. Und das Gluckern und Strömen des jungen Necker, der hier unweit der Hochalp entspringt; eine indogermanische Wurzel soll sich in dem Flussnamen verbergen, die «ungestüm» bedeutet. Wenn es im Ofenloch stürmt und die Steine kollern, riecht der Necker nach Schwefel. Wäre das Ofenloch Literatur, dann ein englischer Schauerroman, eine *gothic novel.* Um zu ihm vorzudringen, wählt man einen Tag in regenarmer Zeit. Gummistiefel wären gut. Oder doch Schuhe mit Profil, in denen die Füsse allerdings nass werden? Von Hemberg geht man hinab zur Mistelegg und wandert auf einem Fahrsträsschen bequem zum Ampferenboden. Hier grillieren die Familien der Gegend gern und kühlen die Füsse im Wasser, hier endet der Wanderweg. Das Rezept für den Vorstoss ins Ofenloch ist nun einfach: Am Fluss bleiben und dort, wo es nicht anders geht, im Fluss gehen. Das ist nicht sonderlich gefährlich, aber aufpassen muss man schon; die Steine sind glitschig. Ab und zu kraxelt man die Böschung entlang. Bald verengen sich die Fluhen links und rechts, es wird enger und enger und enger – schliesslich steht man im Ofenloch, das man daran erkennt, dass es nicht mehr weitergeht. Das Ofenloch mit seinem Wasserfall ist Urzeit, es würde einen nicht wundern, wenn eine prähistorische Riesenechse fauchend aufstünde und einen verjagte.

Eine andere Fussroute führt übrigens von der Schwägalp via Chräzerenpass zur Ellbogenalp. Knapp vor der Alp zweigt im Gebiet Engi vom breiten Fahrsträsschen rechts ein Wanderweg ins Ofenloch ab. Nach abenteuerlichem Abstieg ist man unten und steht oberhalb des erwähnten Urkessels mit dem Wasserfall. Freilich führt dorthin kein Durchgang, man müsste sich schon abseilen. Aber was das Ofenloch ist, erahnt man auch so.

47.48107 📍 7.45907

Basels lange Tramlinie

(BL/BS/SO/F)

BASELLAND TRANSPORT heisst die Betreiberin. Die Linie 10 mit den gelbroten Wagen ist mit fast 26 Kilometern die längste Tramlinie im Raum Basel und eine der längsten Tramlinien Europas. Sie fährt durch drei Kantone, Basel-Stadt, Basel-Landschaft und Solothurn, und im Raum Leymen über französisches Staatsgebiet. Anders gesagt, verbindet sie Dornach mit der Stadt Basel und zieht von dort via das Leimental nach Rodersdorf. Der Abschnitt von Basel nach Rodersdorf war früher eine Strecke der Birsigthalbahn, bis auf Trams umgestellt wurde. Man muss die Linie 10 gefahren sein, um ihre Länge zu ermessen; ohnehin ist zwischen dem Jura, der Rheinstadt Basel und dem Sundgau viel Schauvergnügen.

47.32115 📍 8.64684

Die Linde von Kaltenstein

(ZH)

Die Linde im Weiler Kaltenstein unweit der Forch wird zur Weihnachtszeit mit Tausenden Lichtern geschmückt. Sie ist in jenen Wochen ein weitherum sichtbares Wahrzeichen. Bald einmal 80 ist diese Winterlinde, ist 22 Meter hoch und wurde vom Grossvater des heutigen Bauern und Besitzers gepflanzt. *So what?*, sagen jetzt vielleicht abgebrühte Leute, solche Bäume gibt es auch anderswo. Diese Linde ist aber ein Mahnmal: Architektonische Utopisten planten in der Umgebung in den 1960er Jahren eine Satellitenstadt für 30 000 Menschen. Stattdessen: ein Einzelbaum!

47.47089 8.13296

Linn und seine Linde

(AG)

Wie alt ist dieser Baum, der als ältester im Kanton Aargau gilt? Vielleicht wurde die Linde von Linn 1348/49 gepflanzt, als die Pest auch dieses Dorf heimsuchte; die Linde soll nach alter Auffassung Krankheiten fernhalten. Oder pflanzte man sie 1415, als die habsburgische Herrschaft endete? So spekuliert Michael Brunner in *Wege zu Baumriesen* (WERD VERLAG); die Habsburg liegt vier Kilometer entfernt über der Aare in Sichtweite. Viel gesehen und einiges überstanden hat die Linde von Linn auf jeden Fall: 1586 sollte sie gefällt werden, weil unter ihr eine Anna Meier angeblich mit dem Teufel in Verbindung getreten war. Und 1863 und 1908 brannte sie. Heute ist die Linde, so Brunner, «kräftiger denn je». Weit über 20 Meter hoch reckt sie sich in den Himmel, 11 Meter Umfang hat ihr Stamm.

47.16772 📍 8.89089

Das «Gusöteli» über Siebnen

(SZ)

Das Restaurant Gusöteli liegt in Siebnen, am Hang oberhalb des Tobels, das die Wägitaler Aa ins Gelände gefräst hat. Es ist bekannt für Volksmusik-Anlässe und Stubeten. Wer es besuchen will, verbindet das idealerweise mit einer Wanderung von Siebnen auf die Gueteregg, wo es eine herrliche Alpwirtschaft mit grosser Aussicht gibt. Aber was ist «Gusöteli» für ein Name? «Gus» verweist auf einen einstigen Hofhalter und Sippenchef namens Gusi oder Gusin. «Öteli» wiederum ist die mundartliche Verkleinerungsform von Aa-Tal; gemeint ist das Tal der Wägitaler Aa. Somit bedeutet der Ortsname: Hof der Sippe des Gusin beim Tälchen der Aa.

47.24448 📍 7.61510

Der Freistein von Attiswil

(BE)

Attiswil liegt im Oberaargau, Kanton Bern. Etwas südlich des Bahnhofs erreicht man, nachdem man zuvor das Atelier von Bildhauer Schang Hutter passiert hat, die Kirche – ein Fünf-Minuten-Spaziergang. Einen Frisbeewurf weiter steht in der Wiese ein granitener Menhir, der als letzter und einziger des Kantons

Bern gilt. Menhire, auch «Hinkelsteine» genannt, sind lange Steine, die von Menschen der Vorzeit zu Kultzwecken aufgerichtet wurden; sie können behauen oder verziert sein. Das Exemplar von Attiswil ist dreieinhalb Meter hoch und ziemlich genau zur Hälfte in den Boden eingegraben. Man nennt diesen Menhir Freistein. Mit dem Namen verbunden ist die Vorstellung, dass einst Flüchtige, ob schuldig oder unschuldig, für eine gewisse Zeit sicher und unbelangbar waren, wenn sie sich in seiner Nähe aufhielten. Historisch belegt ist das nicht. Grabungen förderten römische Keramikfragmente zutage.

46.96266 8.17281

Der Polenweg oberhalb Alpnach (OW)

Von Gfellen bei Finsterwald, per Postauto ab Entlebuch erreichbar, gelangt man in gut fünf Stunden über einen namenlosen Pass nach Alpnach – vom Tal der Grossen Entlen ins Tal der Sarner Aa also. Der oberste Punkt, auf Obwaldner Boden gelegen, heisst «Rickmettlen» und ist auf erstaunliche Art erschlossen. Der Fussweg ist in dieser Gegend eine perfekt ins sumpfig grüne Gelände gelegte Piste: saubere Pflästerung, komfortabel weit das Gelände bewältigende Kurvenschleifen, aufgemauerte Partien, sorgfältig eingebaute Wasserabflüsse. Ist da Julius Caesar samt seinen Ingenieuren durchgekommen? Blödsinn! Handelt es sich um einen Saumweg? Könnte sein. Stimmt aber ebenfalls nicht. Das Kuriosum heisst «Polenweg», es wurde von polnischen Internierten im Zweiten Weltkrieg gebaut. Man darf sich durchaus wundern, findet auch das «Inventar historischer Verkehrswege der Schweiz», indem es feststellt: «Die aufwendige Bauweise steht in keinem vernünftigen Verhältnis zum Zweck, den der Weg zu erfüllen hat, und zeigt auf augenfällige Weise, dass er im Rahmen eines Beschäftigungsprogramms entstanden ist.»

PS: 12 000 Polen waren ab 1940 bis Kriegsende in der Schweiz interniert. Sie waren von den Deutschen im Jura an der Schweizer Grenze eingekesselt worden. Nach dem Grenzübertritt wurden sie entwaffnet und in Lagern untergebracht.

46.66304 6.54570

Der Canal d'Entreroches bei Eclépens (VD)

Die Schweiz des 17. Jahrhunderts hat einen Traum: eine Wasserstrasse von der Nordsee zum Mittelmeer. Frachtkähne könnten von Rotterdam auf dem Rhein über Basel nach Koblenz fahren, dann die Aare hinauf via den Bielersee zum Neuenburgersee. Das Problem sind die folgenden 40 Kilometer von Yverdon via die Zihl und die Venoge zum Genfersee und zur Rhone; diese Kilometer müssen zuerst schiffbar gemacht werden. 1638 beginnen Arbeiter in der Ebene südlich des Neuenburgersees mit dem Bau des Canal d'Entreroches. Er ist, um es vorwegzunehmen, Stückwerk geblieben. Die Investoren scheitern, nachdem ein Gutteil des Kanals gebaut ist, an der Venoge. Das Geld reicht nicht mehr für die vielen Schleusen hinab zum Genfersee.

Von der Station Eclépens abseits des gleichnamigen Dorfes führt ein Wanderweg zum Canal d'Entreroches, was auf Deutsch heisst: «Kanal zwischen Felsen». Benannt ist er nach der Klus durch den Berg Mormont, der hier aus der Ebene wächst. Eng ist die Klus. Rechterhand ein Graben, überwuchert, verkrautet, mit Buschwerk verdeckt: der Kanal! Auf einer Infowand ist seine Geschichte ausgebreitet. Wir weichen nun vom Wanderweg ab, indem wir in der Klus bleiben. Bald eine neue Sehenswürdigkeit: Die Eisenbahn, in der wir von Yverdon anreisten, durchsticht vor Eclépens den Mormont in einem Doppeltunnel, dazwischen kommt der Zug in der Klus kurz ans Licht. Genau an dieser Stelle stehen wir, sehen die Tunnellöcher.

Bald endet die Klus, der Kanal ist verschwunden, wir kommen zu einem stattlichen Landhaus (Koordinaten im Titel). Eine Tafel erwähnt, dass es zwischen 1640 und 1650 gebaut wurde. Hier wohnte einst der Schleusenwärter. Ein paar Meter weiter steht im Rasen ein behauener Stein. Die Kopie eines *Miliariums,* eines Meilensteins der alten Römer, den man beim Kanalbau fand. Und jetzt? Wir gehen zurück. Oder wir halten in der Orbe-Ebene Richtung Yverdon, schauen dabei auf die Wanderkarte: vom Schleusenwärterhaus auf der Strasse nordwestlich bis zum Punkt 445 m und nun rechts ins Feld und auf dem Feldweg bis zum Punkt 441 m. Jetzt sind wir wieder an einem Kanal, unserem Kanal, dessen Lauf allerdings in der Juragewässerkorrektion verändert wurde. Wir folgen ihm bis zur Höhe der Station Bavois. Auf der Strecke durch die Ebene stellen wir uns vor, wie das damals war: ein flacher Kahn, darauf Weinfässer. Ein Mann am Ruder. Und zwei schwitzende Männer auf dem Treidelpfad, die den Kahn ziehen. Tatsächlich diente der Canal d'Entreroches eine Zeit lang als regionale Handelsroute, bis er verfiel.

Im 20. Jahrhundert lebte die Idee des schweizerischen Rhein-Rhone-Kanals noch einmal auf. Für die Finanzierung und den Bau wurde die TRANSHELVETICA AG gegründet. In den Richtplänen war das Projekt berücksichtigt als Schneise, die unbebaut bleiben musste. Die auffallend hohen Stelzen der Autobahnbrücken in der Orbe-Ebene künden bis heute von der Vision, man ging davon aus, es würden einmal Frachtkähne die Autobahn unterqueren. Doch letztlich zerschlug sich das Vorhaben, und 2006 gab der Kanton die Schneise frei.

47.36596 8.52999

Die Villa Dem Schönen in Zürich (ZH)

In Martin Müllers *Adler bis Wesendonck. Deutsche und andere Ausländer in Zürich 1830 bis 1914* (CHRONOS VERLAG) wimmelt es von interessanten Figuren. Zum Beispiel Adolf Hommel, 1851 in Chemnitz geboren, 1913 in Hanau gestorben. Er war Kaufmann in Russland, kam als spätberufener Medizinstudent nach Zürich, doktorierte, heiratete, zeugte mit seiner Gattin eine «reizende Kinderschar», wie es im Nachruf heisst. Ungeheuer reich, liess er sich in Zürich Enge die Villa Dem Schönen bauen, ein Prunkgebäude nach Art der italienischen Renaissance – man muss vor ihr gestanden, sie gesehen haben, sie ist eine Pracht. Daneben besass Hommel eine Zweitvilla am Vierwaldstättersee und eine gigantische Kunstsammlung. Woher kam all das Geld? Von seinem Haematogen.

So hiess ein stabilisiertes Präparat aus Rinderblut, das die Ärzte bei Blutarmut, Bleichsucht, Magengeschwüren, Malaria, Zuckerkrankheit und Rachitis verschrieben. Dank Hommel mussten empfindsame Bürgerinnen und Bürger sich nicht mehr krankheitshalber in den Schlachthof begeben und dort frisches Tierblut trinken. Wohlverdient, die schöne Villa! Heute ist in ihr, Parkring 30, das Liceo Artistico untergebracht, ein Kunstgymnasium.

47.18589 8.55729

Die Höllgrotten nah Baar

(ZG)

Tropfsteinhöhlen gibt es weltweit, diejenigen von Baar sind aber einzigartig durch das Tempo ihres Werdens. Normalerweise entsteht eine Tropfsteinhöhle im Felsengrund durch unterirdisches Fliesswasser; das dauert Millionen von Jahren. Baars Höllgrotten sind erst 6000 Jahre alt. Am Anfang ist Wasser, das aus höhergelegenem Gelände zu Tale rinnt und grosse Mengen Kalk enthält. Der Kalk wird nah dem Ufer der Lorze ausgeschieden, ein Quelltuffberg wächst; Quelltuff ist ein sogenanntes Sekundärgestein aus verkalktem Moos, Farnen, Zweigen, Blättern, Sand, Schnecken. Und daraus ergibt sich durch Unterspülung und Einsturz eine Höhle, in der es nun zur Tropfsteinbildung kommt. 1863 wird beim Abbau von Tuff für den Bahnbau die erste Grotte entdeckt. Die geologischen Fakten klingen ziemlich abstrakt, doch vor Ort erwartet den Besucher ein Sinnesspektakel. Er tritt etwas erhöht am Hang ein und steigt durch die zwei Grotten ab, die seit einiger Zeit mit LED-Technik beleuchtet sind. In dem feucht-schweissigen Gestein wähnt er sich in einem Krötenbauch.

46.97809 8.56053

Der Schwybogen am Vierwaldstättersee (UR)

Man steigt bei der Treib, einem alten Schutzhafen, vom Schiff, hat noch Stimmengewirr und Kinderschreien im Ohr, verharrt nun nicht am Ort, sondern geht gleich los und hat den Rummel schnell hinter sich. Eine halbe Stunde bloss dauert die Wanderung zum Schwybogen. Es handelt sich um eine abgelegene Bucht des Vierwaldstättersees, in der seit drei Jahrhunderten die Näpflins fischen und wirten; man bekommt zum Beispiel Albeli. Am Allerbesten gerät der Ausflug, wenn man in einer Randzeit hingeht oder bei dubiosem Wetter. Das hält das meiste Volk fern; es kann dann geschehen, dass man im «Schwybogen» direkt am Wasser sitzt und den stillen Ort sozusagen für sich hat bei grandiosem Essen.

47.29239 📍 8.70184

Das Wartehäuschen bei der Emmat (ZH)

Die Forchbahn-Haltestelle Emmat bei Esslingen sollte vor gut 15 Jahren aufgehoben werden. Darauf taten sich die Anwohner zusammen, gründeten eine IG, machten mit Dorffesten Stimmung für ihre Haltestelle – und obsiegten. Bürgerinitiative im Kleinen also, die später zu dem ganz besonderen, fröhlich pink-orangen Häuschen führte. Es ist mit 45 mal poetischen, mal sinnreichen Sprüchen («Warten Sie schon lange?») beschriftet und bringt die Gedanken in Schwung. Hier steigt man gern aus, hier steigt man gern ein, hier wartet man gern auf den nächsten Zug.

46.65844 📍 6.43133

Die Pierre Pouilleuse von La Praz (VD)

La Praz ist ein Waadtländer Bauerndorf am Jurasüdhang. Im Bois des Queues südlich des Ortes gibt es zwei Attraktionen zu besichtigen, die beide auf der Wanderkarte (251T «La Sarraz», 1:50 000) eingezeichnet sind. Da ist ein Cromlech, ein jungsteinzeitliches oder bronzezeitliches Arrangement von Menhiren, also Hinkelsteinen (Koordinaten im Titel). Zwölf sind es, zusammen bilden sie ein Hufeisen. Der eine

Menhir, gut menschenhoch, ist mit münzengrossen Vertiefungen übersät, also ein Schalenstein; wozu die Vertiefungen dienten, weiss keiner. Ebenso rätselhaft ist die nahe Pierre Pouilleuse, ein erkletterbarer Solitär aus Granit. Nicht einmal der Name ist sicher erklärt. Ein Wörterbuch nennt als Wurzel ein altes französisches Wort *pouilleux* gleich «elend, wenig fruchtbar». Andere spekulieren, es verberge sich in der weiblichen Form *pouilleuse* die lateinische *puella,* das «Mädchen». Dazu liefern sie dann auch gleich die Geschichte. Der «Mädchenstein» sei jener Ort gewesen, wo sich einst die Jünglinge der Umgebung mit Mädchen zum Schäkern trafen. Schön spekuliert ist das, die Waldromantik jedenfalls passt.

46.94199 7.44921

Der Elefant von Murten
(FR)

An einem Mittwoch im Juni 1866 zieht der amerikanische Wanderzirkus Bell & Myers in Murten ein. Gaukler schwärmen aus, faszinierend für das Volk auch die zwei indischen Elefanten, ein Männchen und ein Weibchen. Sie werden in einer städtischen Remise einquartiert. Gegen den frühen Morgen zu passiert Schreckliches, der Bulle tötet seinen Führer. Dann stürmt er durch das Städtchen, zertrümmert

Fensterscheiben, wirft Fässer um. Angst und Panik. Man beschliesst den Tod des Tieres, schliesst die Kinder in der Schule ein, schafft aus Freiburg eine Kanone heran; der Elefant ist mittlerweile in einer Sackgasse gefangen, die man verbarrikadiert hat. Der Hauptmann Daniel Stock zündet die Kanone, es kracht, der Elefant sinkt zur Seite. Sein Fleisch wird zu Pfeffer verarbeitet und an die Bürger verkauft, in jenem Sommer isst Murten Elefantenfleisch. Das Skelett des Tieres findet sich heute im Naturhistorischen Museum Bern (Koordinaten im Titel).
PS: 1820 entkommt in Genf ein Elefant seinem Wärter. Schliesslich wird er eingekesselt. Man versucht, ihn zu vergiften, und als das nicht klappt, tötet man ihn mit einem Kanonenschuss.

47.05671 📍 8.48531

Sonnenaufgang auf der Rigi
(SZ)

Rigi Kulm, Ende Februar, die Nacht im Hotelkasten war ruhig. Um 7 Uhr 20 rappelt man sich hoch, tritt ins Freie. Giftfrost, ein klarer Himmel, Stille. Der Weg zum nahen Gipfel, 1797 Meter über Meer, ist gewalzt, in drei Minuten ist man oben, der trockene Schnee knarzt unter den Schuhen. Ein Klirren, vom Swisscom-Turm fällt Eis. Der Horizont um den Säntis ist bereits schüchtern rosa. Dann blitzt um 7.34 ein Strahl über den Horizont – der Laser Gottes. Das Urerlebnis Sonnenaufgang hat die Rigi berühmt gemacht.

47.32328 8.19455

Der Grabstein von Schloss Hallwyl (AG)

Im Hof des Wasserschlosses Hallwyl finden sich ein paar alte, verwitterte Grabkreuze. Auf dem einen steht als perfekter Ausdruck dessen, was man heutzutage «cool» nennen würde: «Auf Wiedersehn!»

47.14229 9.27025

Hatschepsut in der Schweiz – das Paxmal (SG)

Der Ort ist abgelegen. Man geht von der Bushaltestelle beim Rehazentrum Walenstadtberg eine Stunde auf dem Strässchen bergan. Die letzten Meter führen wieder abwärts, einer Mauer entlang. Auf der anderen Seite könnte ein Friedhof liegen. Stattdessen erscheint ein Monument. Das Paxmal. Die nach oben sich verjüngenden Säulen aus Kalkstein wirken plump. Klobig. Vorantik. Das Stierwesen Minotaurus könnte in ihrem Schatten hausen. Das altgriechische Wort «temenos» passt, abgeleitet von *temnein* gleich schneiden. Temenos, das ist der abgeschnittene, der umgrenzte Bereich des Heiligen. Die Mosaiken des modernen, des weltlichen Tempels auf 1290 Metern über Meer zeigen Mann und Frau in Werden und Sein, in Schwärmerei und Reife; ein friedliches Menschenzeitalter wird beschworen. Der Künstler Karl Bickel kam 1913 in die Höhenklinik auf dem Walenstadtberg, weil er Tuberkulose hatte. Er erholte sich und schuf zwischen 1924 und 1949 das Paxmal, das vor der senkrechten Wand der Churfirsten anmutet wie der Totentempel der Hatschepsut nah Luxor.

47.37297 9.31969

Die sprechende Brücke von Hundwil (AR)

Hans Ulrich Grubenmann aus dem appenzellischen Teufen war im 18. Jahrhundert ein Star unter den Baumeistern. Überall im Land entwarf und baute er Kirchen und Brücken. Die eine Brücke, die sich in Schaffhausen über den Rhein spannte, war 119 Meter lang und kam mit einem Pfeiler aus. Gut, musste Grubenmann nicht mehr erleben, wie etliche seiner Brücken von Napoleons Truppen zu Ende des Jahrhunderts niedergebrannt wurden. Erhalten geblieben ist die Grubenmann-Brücke aus dem Jahr 1778, einsam gelegen nördlich von Hundwil am Wanderweg nach Herisau. Es handelt sich um eine gedeckte Holz-

brücke, 29 Meter lang, die die Urnäsch stützenfrei überquert. Ihren Namen «Sprechende Brücke» hat sie davon, dass sie mit Sprüchen bemalt ist; sie gibt zum Beispiel Auskunft darüber, was mit ihrer Vorgängerin geschah: «*Die vor der stehete im Jahr 1722 wohl gebaut brug ist da weggeschwämt durch unerdenckliche grosse wasserflutt.*» Und nun noch eine unheimliche Begebenheit, eine wahre Geschichte, die man im Roman *Mit einem Schlag* von Walter Züst nachlesen kann. Sie spielt im Jahre 1780, als die Brücke zwei Jahre alt ist. Zwei Einheimische lauern dem Tösstaler Viehhändler Rüegg am Weg auf. Sie erschlagen ihn, verscharren die Leiche nah der Brücke, machen sich mit seinem Geld davon; später töten sie einen Mitwisser. Davon kommen sie nicht, sondern enden beim Scharfrichter. So weit diese True-Crime-Story aus dem Appenzeller Hinterland.
PS: «Hinterland» ist kein diskriminierender Begriff. Mögen sie auch im Hinterthurgau auf den Begriff «Südthurgau» setzen – die Leute des Appenzeller Hinterlandes, zu denen der Autor dieses Buches zählt, sind stolz auf ihre geografische Einordnung (Ausserrhoden wird traditionell eingeteilt in Hinterland, Mittelland, Vorderland). Sie wohnen hinten. In der Mitte wohnen die Millionäre von Teufen. Und vorne ist man etwas sehr nah bei den Österreichern.

47.35967 📍 7.77337

Der Skulpturenpark von Langenbruck (BL)

Eine halbe Gehstunde von Langenbruck entfernt liegt in einem Seitentälchen inmitten exaltierter Jurahügel das verwitterte, längst aufgehobene Kloster Schönthal. Seine Fassade ist grossartige Romanik und zieht Architekturgeschichtler von weither an. *Sur place* verfällt der Wanderer in die wildesten *Name-der-Rose*-Fantasien. In den weiten Wiesen und Wäldern rundum gibt es zwar neuzeitliches, doch ebenso starkes Imaginationsfutter. Das Kloster (Koordinaten im Titel) ist Zentrum und Ausgangspunkt eines Skulpturenparks. Künstlerinnen und Künstler aus aller Welt verfertigten Werke speziell für den Ort. Was da im Gelände steht und mit diesem eine Art Spiel treibt, ist Kunst weitab irgendwelcher Hobby-Grümscheli-Ware. Zum Beispiel sieht man Nigel Halls menschenhohes, schraubenartiges Stahlteil in Rostrot, das wirkt, als sei es von einem Raumschiff abgeladen worden. Berührend und schockierend zugleich die Gruppe «Häutung und Tanz» des Schweizers Martin Disler. Menschenartige Figuren mit monströsen Genitalien stehen bereit und wollen tanzen, aber irgendwie ist kaum Lust in dem Unterfangen; sie sind gequälte Bacchanten. Hat ihnen ein ferner Gott die deformierten Geschlechtsteile an den Leib geheftet, um sie zu strafen? Schönthal stellt Fragen, Schönthal weckt den Kopf, Schönthal soll man aufsuchen.

46.20828 7.61764

Das Hotel Weisshorn im Val d'Anniviers (VS)

Es gibt winters in den Bergen nichts Besseres als ein Hotel abseits des Skirummels, das nur zu Fuss erreichbar ist. Einsam hockt das Hotel Weisshorn, ein beigegelbes Gebäude der Belle Epoque, auf 2337 Metern über dem Val d'Anniviers. Man kommt recht leicht hin: Man fährt im Postauto nach Saint-Luc, wechselt auf die superspeditive Standseilbahn hinauf zur Skistation Tignousa. Beim Blick durchs Fenster der Seilbahn darf man schon einmal staunen: Das Klötzlein oben rechts auf der gerundeten Krete, das ist das Hotel! Von Tignousa führt ein gewalzter Weg hin, man wird die Skifahrer schnell los. Die Berge rundum, darunter Viertausender, sind eine Sehfreude. Nach anderthalb Stunden langt man beim Hotel an, einem alten Kasten hart am Abgrund, herrlich die Sicht aus dem Speisesaal Richtung Rhonetal. Komfort ist da nicht. Die Böden sind verzogen und knarren, WC und Dusche sind auf dem Gang. Aber die Atmosphäre! Altes Alltagszubehör erinnert an die frühen Jahrzehnte des Hauses. In den ersten Jahren um 1885 führten Einheimische auf Mauleseln aus dem Tal jene Bequemgegenstände hinauf, auf die feine Engländer Wert legten: Duschen und Waschtröge aus Kupfer. Tafelsilber für den Essraum. Und ein Piano. Das «Weisshorn» ist Vergangenheit, in der man übernachten kann.

47.846922 8.857957

Der Aachtopf in Aach

(D)

Das deutsche Aach ist bloss 20 Kilometer vom Thurgauer Städtchen Diessenhofen entfernt. Schwatzt man mit den Leuten von Aach, merkt man zudem schnell, dass der Unterschied punkto Mentalität und Sprache klein ist – auch sie sind Alemannen. Und daher sei im Rahmen gefühlter Swissness erlaubt, hier unter den Schweizer Wundern ein deutsches zu platzieren. Eine herrliche kleine Wanderung führt vom Bahnhof Engen an der Bahnlinie Schaffhausen–Stuttgart in zweieinhalb Stunden vorbei an der prähistorischen Höhle beim Petersfels nach Aach, dessen höher gelegenes Altstädtchen den Blick über die Vulkankegel des Hegaus zum Alpenkranz schenkt. Eine Viertelstunde weiter und tiefer wartet der Aachtopf. Gute zwölf Kilometer entfernt versickert Donauwasser im Kalk. Unterirdisch reist es gut eine Woche lang, um im Aachtopf wieder zu Tage zu treten und die Radolfzeller Aach zu begründen. Bis zu 24 000 Liter pro Sekunde schwallen zu gewissen Zeiten ans Licht. Dies ist Deutschlands stärkste Quelle.

47.44541 8.38644

Das Strohdachhaus von Hüttikon (ZH)

Hüttikon, die Kleingemeinde im Furttal, hat ein Strohdachhaus; es ist das einzige historische Strohdachhaus im Kanton Zürich und eines der wenigen in der Schweiz. Vom Baujahr 1652 wird ausgegangen, wer es errichten liess, ist unklar; sicher kein armer Mann, das belegen die Dimensionen. Eine Schule war in dem Haus später einquartiert. Und es diente als Jugendherberge. Seit 1940 gehört es dem Kanton, die Gruppe Forum Hüttikon betreut es liebevoll, man hat in Hüttikon Freude an dem Wahrzeichen. Strohdachhaus ist ein Gattungsbegriff, keine Einzelbeschreibung; das Dach ist genau genommen mit Importschilf gedeckt. Man kann das Strohdachhaus mieten, für Aperos, Kulturveranstaltungen, Hochzeiten und so. Wer es umrundet, halte bei den Aussenwänden von Tenn und Stall inne, die für ein kleines Rübenlager unterkellert wurden. Über diesem minderen Keller waren einst zwei Kammern eingebaut, die wohl nur zeitweilig bewohnt wurden, von Erntearbeitern zum Beispiel. Viereckige Löcher sind in die Wand eingeschnitten, eine Belüftungshilfe. Daneben hat es andere, kleine, runde Löcher, unter denen das Holz auf der Aussenseite auffällig gebleicht ist. Offensichtlich rann da einst etwas heraus. Der Broschüre über das Haus ist zu entnehmen, dass es sich um Urinlöcher handelte, wie man sie sonst nur an Alphütten im Salzburgischen kennt. Die Kammerbewohner pinkelten durch die Wand.

46.95832 📍 9.35360

Die Wasserfälle von Batöni

(SG)

Schon die Fahrt von Mels hinauf nach Weisstannen ist zauberhaft, das Bergdorf liegt sagenhaft abgeschieden an der jungen Seez. Nun muss man wandern. Knapp zwei Stunden braucht man, um den Talkessel von Batöni 500 Meter höher zu erreichen, eine Arena mit gleich drei Wasserfällen, einer schöner als der andere. Klar ist, wer nach Fallhöhe siegt. Es ist der Sässbachfall mit 86 Metern. Rang zwei: Piltschinabachfall, 81 Meter. Rang drei: Muttenbachfall, 45 Meter. Es ist ein stetes Brausen in Batöni, das einem die Sinne verwirrt.

47.34748 8.31442

Der Erdmannlistein bei Wohlen
(AG)

Der Erdmannlistein liegt 50 Gehminuten von Bremgarten entfernt und ist von einem Zauber umgeben. Nur schon der Wald rundum mit seinen Findlingen und dem auffallend vielen Moos. Und dann auf einer kleinen Anhöhe die zwei Steine, die einen dritten tragen, der der grösste ist und viele Tonnen wiegt. Sieben Mal muss man das Ensemble aus Granit angeblich umkreisen und dabei bis zum Schluss die Luft anhalten, dann kommen die Erdmannli, eine Art Aargauer Hobbits, aus dem Boden, heisst es. Wie ist die Anlage entstanden? Nicht einmal die Spezialisten der kantonalen Verwaltung seien sich einig, schrieb die AARGAUER ZEITUNG. Die Abteilung Landschaft und Gewässer glaubt gemäss Zeitungsbericht an eine prähistorische Kultstätte, die Kantonsarchäologie hingegen geht von einer zufälligen Ablagerung aus. Derselbe Artikel reportiert ein Naturphänomen am Erdmannlistein, das sich jeden Frühling Ende März ein paar Tage lang beobachten lässt. Es ist ein wenig mit dem Lichtspiel des Martinslochs in Elm zu vergleichen ist (siehe auch Eintrag «Das Martinsloch über Elm» Seite 153). Die Zeitung nennt es «Wolfskino». Guter Name! Durch das Loch in der

Mitte der Steingruppe fallen die Strahlen der Sonne auf eine gut anderthalb Meter entfernte, auffallend flache, ihnen zugewendete Steinplatte, einen Bildschirm der Natur. Auf ihm zeichnet sich – Kino der Vorzeit – ein Wolfskopf ab.

PS: Der Erdmannlistein hat eine eigene, nach ihm benannte Bahnhaltestelle, sie ist gut 250 Meter entfernt und gehört zur Bremgarten-Dietikon-Bahn. Es paaren sich Prähistorie und öffentlicher Verkehr.

PS: Grandios ist gut zehn Gehminuten entfernt vom Erdmannlistein auch der Bettlerstein, der durch seine exzentrische Schrägstellung einen Schutz vor der Unbill der Natur bildet. Man könnte unter ihm mit etwas Gottvertrauen zelten; er steht seit Tausenden Jahren so, wird also nicht gerade umfallen, wenn man unter ihm schläft. Oder?

47.23594 7.47699

Die Dinosaurierspuren von Lommiswil (SO)

Vor 145 Millionen Jahren. Tropenklima. Ein Flachmeer. Dinosaurier queren die Uferzone. Im Sand der Gezeitentümpel hinterlassen sie ihre Abdrücke, die Hinterfüsse sind gut einen Meter lang, die Vorderfüsse einen halben Meter. Algen überwachsen die Brachiosaurus-Abdrücke. Schlick deckt sie bald ganz

zu. Die Decke wird immer schwerer, der Druck wächst und wächst, die Schicht versteinert. Mehr als 100 Millionen Jahre später wird durch Faltung das Juragebirge in die Höhe gehoben, die Schicht mit den Abdrücken steigt auf. Verwitterung trägt dann den Kalk allmählich ab, bis die Abdrücke freiliegen – wir sind somit in der Gegenwart. 1987 werden die Dinosaurierspuren entdeckt, über 300 Trittsiegel in mehreren Fährten. Die gewaltige, schräg gestellte, steil aufragende Kalkplatte im Steinbruch Steingrueben zwischen Lommiswil und Oberdorf ist nicht zugänglich; es wäre zu gefährlich, auf ihr herumzuklettern. Eine Plattform aus Holz erhebt sich ihr gegenüber in unmittelbarer Nähe und gewährt den perfekten Blick. Man erreicht den Punkt in einem Spaziergang von den Bahnstationen Im Holz oder Oberdorf, der Weg ist ausgeschildert.

47.18642 7.23407

Die Dinosaurierspuren von La Heutte
(BE)

Wer näher heran will, wer Dinosaurierspuren berühren will, der reist nach La Heutte unweit von Biel im Berner Jura. Auch in La Heutte ist der kurze Weg ab der Station ausgeschildert. Die Trittsiegel sind etwa gleich alt wie die im Solothurnischen bei Lommiswil und Oberdorf; auf einem Schild steht, dass Brachiosaurus neun Meter hoch war und 20 Tonnen wog. Beruhigend irgendwie, dass das Riesenvieh ein Pflanzenfresser war. Doch dann dies: 300 Meter weiter oben am selben Weg findet sich, weniger gut erhalten, die Spur eines Raubsauriers. Er frass Fleisch. Zeit für den Rückweg zur Station.

46.89961 9.22263
Das Martinsloch über Elm
(GL/GR)

Der Segnespass führt von Elm nach Flims, die Wanderung ist saftig. Dass es auf der Passhöhe eine «Mountain Lodge» gibt, die im Sommer geöffnet ist, darf man als kleines Wunder bezeichnen; ebensogut könnte man auf dem Mond wirten. Die zwei grossen Wunder der Tour sind: Erstens das Phänomen der Glarner Hauptüberschiebung, das man an den Tschingelhörnern gut erkennt. Fast waagrecht zieht sich eine Linie durch die Hörner; darüber ist der Fels dunkler, darunter heller. Das oben ist Verrucano, das unten Kalk; eigentlich müsste es umgekehrt sein, geht man nach dem geologischen Alter der beiden Schichten, die durch einen gewaltigen tektonischen Schub sozusagen die Plätze wechselten. Uff, es ist nicht einfach, die Glarner Hauptüberschiebung zu erklären,

wenn man nicht zufällig Trickfilmer oder Animationsspezialist ist. Nun zum zweiten Grosswunder, das man von der Segnespass-Höhe ganz nah hat: dem Martinsloch, einem abgerundeten Dreieck in dem einen Tschingelhorn. Zweimal im Jahr, im Frühling und im Herbst, bestrahlt die Sonne durch das Martinsloch exakt Elms Kirchturm – ein kosmisches Lichtspiel.

47.20259 8.95424

Der See von Tuggen

(SZ)

Einst schloss sich direkt an den Zürcher Obersee ein zweiter, in Südrichtung abgeknickter See an. Der Tuggenersee. Doch um das Jahr 1000 hatte die wilde Linth respektive ihr Delta beide Gewässer voneinander getrennt. Dann begann die Linth den Tuggenersee zu vernichten, indem sie ihn mit ihrem Geschiebe auffüllte. Um 1450 war er in sehr seichter Form noch vorhanden und ist auch auf der Karte des Zürcher Stadtarztes, Astrologen und Historikers Konrad Türst um 1500 eingezeichnet. 1550 gab es den See nicht mehr. Vorschlag: Nach Tuggen fahren, einen Liegestuhl aufstellen, sich hineinlegen und Einheimischen, die wähnen, man sei wahnsinnig, erklären, dass ihr Dorf einst ein Uferdorf war und man hier den Strand geniesst. Wenn man weniger exaltiert veranlagt ist, erklimmt man den Buechberg, kneift die Augen zusammen und holt sich auch so mit den Mitteln der Fantasie das entschwundene Gewässer direkt zu Füssen zurück. Wer mehr über dieses wissen will, liest das Buch *Schiffe, Flösse und Schwemmholz. Unterwegs auf Schweizer Gewässern. Eine Technikgeschichte* von Daniel L. Vischer (HIER UND JETZT, 2015).

PS: Tuggens Wappen zeigt zwei Männer in einem Segelschiff. Es sind Gallus und Kolumban, die irischen Mönche. Zu ihrer Mission soll in Tuggen das Anzünden heidnischer Tempel gehört haben, deren Kultgegenstände der Überlieferung nach im Tuggenersee versenkt wurden.

46.86892 8.98188

Die Pantenbrücke – eine Verdoppelung (GL)

Zuerst eine Abschweifung ins Solothurnische: Der Dorfname Kleinlützel ist ein Pleonasmus, eine Verdoppelung. Denn *lützel,* verwandt mit dem englischen *little,* heisst klein. Kleinlützel ist gleich Kleinklein. Nun ein Pleonasmus aus dem Glarnerland. Wandert man vom Tierfehd hinter Linthal südwärts Richtung Sand, kommt man bei einer Engstelle der jungen Linth zur Pantenbrücke. «Panten» ist abgeleitet von lateinisch *pons*, die Brücke. Man überquert also 60 Meter über der Linth die Brückebrücke. Bemerkenswert, dass da wirklich zwei Brücken sind. Eine neue wurde Anfang des 20. Jahrhunderts über die alte gebaut, ohne dass man diese abgebrochen hätte; nun hockt die eine auf der anderen, was ein wenig aussieht wie Fortpflanzung im Reich der Kröte. Die Glarner Pantenbrücke ist sowohl sprachlich als auch materiell ein Pleonasmus.

47.42321 9.36909

Die St. Galler Ringbahn
(SG)

St. Gallen hat bekanntlich keine Mitte. Dort, wo sie wäre, sind Appenzell Ausserrhoden und Innerrhoden, die sich gern als Fünfliber im Kuhfladen bezeichnen. Ende 2013 kam dem Kanton St. Gallen eine Zuglinie zu, die seiner originellen Form entspricht und sie abbildet: die S4, eine Ringbahn. 180 Kilometer lang ist sie, verbindet Regionen wie Neckertal, Toggenburg, Linthgebiet, Sarganserland, Rheintal, Bodensee, schafft neue Direktverbindungen und Queranschlüsse. Der Rundkurs macht das elementare Vergnügen einer Tour per Bahn rund um den Säntis möglich. Man steigt in St. Gallen ein (Koordinaten im Titel), rollt nach Rorschach und nimmt ein Auge voll Seebläue, biegt bei St. Margrethen sozusagen um die Ecke, fährt am Rand des Alpsteins den Rhein hinauf nach Sargans, biegt wieder ab, passiert Flumserberg und Walensee, kommt nach Uznach, eine Spitzkehre, dann geht es via Wattwil und Degersheim retour nach St. Gallen. Drei Stunden dauert das. Gegen 40 Haltestellen werden bedient. Grosse Landschaften ziehen vorbei: der fjordartige Walensee. Das Nagelfluh-Hügelland um Brunnadern und Mogelsberg. Der weite, breite Bodensee. Die Gipfel Vorarlbergs. Dank der Ringlinie, einem Unikum hierzulande, ist der grosse Kanton der Ostschweiz endlich erfahrbar.

46.61985 7.89796

Der Kehrtunnel von Isenfluh
(BE)

Die Reise von Lauterbrunnen Bahnhof nach Isenfluh dauert nur zwölf Minuten. Aber wo sonst kann man im Postauto einen Kehrtunnel befahren – man denkt beim Wort ohnehin eher an die gute alte Gotthard-Bahnstrecke. Erst Anfang der 1960er Jahre kam das Dörfchen Isenfluh hoch über dem Tal der Weissen Lütschine überhaupt zu einer richtigen Strasse. Kurz darauf traten Hangrisse auf und gefährdeten die Zufahrt. 1987 wurde die Strasse zerstört, man musste eine Notseilbahn bauen. 1992 wurde die Strasse wieder geöffnet; der 1200 Meter lange 360-Grad-Kehrtunnel macht es seither möglich, dass man Isenfluh gefahrlos erreicht, auch im Winter. Und was macht man als Tourist dort oben? Einkehren. Wandern. Gute Luft atmen. Und dann wieder in den Bus steigen und sich auf den Kehrtunnel freuen, das fast 10 Millionen teure Rundvergnügen.

47.582580 7.664569
Auf dem Rücken in Riehen
(BS)

In Riehen gibt es eine Quartierstrasse namens «Auf dem Rücken». Man lege sich auf den Asphalt, mache per Selbstauslöser ein Foto von sich und schicke es seinen Freunden samt der Rätselfrage: Warum liege ich auf dem Bauch und doch auf dem Rücken?

46.97358 8.08237
Die Tramhaltestelle bei Finsterwald
(LU)

Hält man von Finsterwald, einem abseitigen Ortsteil der Gemeinde Entlebuch, auf dem Burggraben-Wanderweg hinab Richtung Entlebuch, kommt man zum Chilewald. Die Tramhaltestelle am Waldrand, mit einem Schild der Verkehrsbetriebe Luzern angezeigt, heisst nach dem Ort: «Chilewald». Da steht ein Tram in verblichenem Blau, das mit einem Ziegeldach vor der Witterung geschützt ist. Aber wo sind die Schienen? Kurios. Die Sache begann damit, dass zu Anfang der 1960er Jahre die örtliche Jagdgesellschaft einen Unterstand für ihr Revier suchte. Als Luzern sein Tramnetz aufgab, war die Lösung gefunden: ein Tramwagen aus der Stadt. Im November 1961 wurde er überführt. Der Transport auf den holprigen Waldwegen sei schwierig gewesen, wird berichtet. Als Zugfahrzeuge dienten ein Traktor und ein Rover; das Tram, nehmen wir mal an, ruhte auf einem Anhänger. Kauf und Transport kosteten zusammen 300 Franken. Ein Schnäppchen!

46.91024 📍 6.85681

Die Krater im Neuenburgersee
(NE/VD/FR/BE)

Im Neuenburgersee entdeckten Wissenschaftler der ETH Zürich bei einer Untersuchung mit Schallwellen 2012 vier Schlote. Sie liegen in mehr als 100 Metern Tiefe, sind 5,5 bis 30 Meter tief in den Seegrund versenkt, haben einen Durchmesser von 80 bis 160 Metern und gehören somit zu den weltweit grössten Unterwasserkratern in Binnenseen. Zwei Hypothesen formuliertern die Wissenschaftler laut der Zeitung TAGES-ANZEIGER: Entweder handelt es sich um Gasquellen. Oder aber um Wasserquellen. Schliesslich lieferte die Temperatur des Schlamm-Wasser-Sediment-Gemischs in dem einen Schacht, «Crazy Crater» getauft, den entscheidenden Hinweis: Während das Wasser rundum 5,8 Grad Celsius warm war, mass man im Krater 8,4 Grad; das entsprach der Wassertemperatur im angrenzenden Jurakarst. Das Wasser, das aus dem Schlot kommt, stammt aus dem Jura, zeigte dies im Zusammenspiel mit anderen Erkenntnissen. Woher das Wasser exakt rührt, muss noch untersucht werden. Wie die Krater vor mehr als 12 000 Jahren entstanden, ist auch unklar. Sichtbar ist die geologische Sensation für den Normalmenschen nicht. Aber hey, ihr Krater, es ist doch einfach gut zu wissen, dass es euch gibt! Wir werden an euch denken, wenn wir das nächste Mal im Zug von Neuenburg nach Yverdon fahren. Der Neuenburgersee ist auch ein Jacuzzi.

46.25461 7.24756

Die Postautofahrt nach Derborence
(VS)

Im Bus von Sion Richtung Derborence scheidet sich nach dem Dörfchen Aven das Passagiergut blitzartig. Die Abgebrühten drängen an die Fenster zur Linken, so sie nicht schon dort sitzen, und zücken ihre Kameras und Handys. Die mit der Höhenangst wiederum taumeln bleich auf die rechte Seite des Busses und halten sich die Augen zu. Die Schlucht der Lizerne ist ein Walliser Höllenschlund. Die enge Strasse verlangt dem Chauffeur alles ab, einige Male fährt er hart an der Kante, die Gruselpassage will nicht aufhören. Endlich wird doch alles lieblich: der Kessel von Derborence unterhalb des Diablerets-Massivs ist erreicht. Sein Urwald aus Fichten, Föhren, Lärchen, Birken, Weiden ist ein Traum. Er ist allerdings aus der Katastrophe geboren. 1714 kamen die Diablerets ins Rutschen. Die Felsmassen töteten 15 Menschen und ein Vielfaches an Vieh. Der Roman *Derborence* handelt davon, Charles Ferdinand Ramuz erzählt wundersam lakonisch vom jungen Bauern Antoine, der nach dem Unglück eines Tages wie ein Zombie – okay, das Wort ist nicht Ramuz – ins Dorf hinab wankt, zu seiner jungen Frau, die ihn tot glaubt. 1749 schossen gleich noch einmal Geröllmassen zu Tale. Sie stauten den See auf, der heutzutage so viele Touristen lockt. Die Füsse ins Wasser halten und bange den Berg mustern, der hoffentlich nicht ein drittes Mal kommt: ein unnachahmliches Gefühl der Romandie. Und dann? Entweder mit dem Bus retour. Oder zu Fuss über den schönen und leichten Übergang Pas de Cheville nach Anzeindaz und Gryon.

47.17017 9.25435

Der Softeis-Automat auf dem Strichboden

(SG)

Von der Bergstation der Selun-Seilbahn braucht man zu Fuss eine Viertelstunde bis zum Strichboden und der Alpwirtschaft Wildmannli. Dort kann man einkehren und/oder sich vom Softeis-Automaten an der Hauswand ein Glace zapfen. Eine andere Schweizer Softeis-Alp ist dem Verfasser dieses Buches nicht bekannt.

47.37456 9.18826

Baumkunst in Degersheim

(SG)

Was ist das denn? Man geht vom Wolfensberg, einem Hügel mit Hotel und toller Aussicht, abwärts Richtung Degersheim und sieht bald zur Linken ein Haus mit zwei turmhohen Baumstämmen. Bizarre Totskulpturen, entrindet, die Äste am Stamm belassen. Der Künstler und Musiker Oliver Lüttin hat sich eine eigene Welt geschaffen – er bekam dabei zwischenzeitlich Ärger mit den Behörden. Die zwei Sequoias, Mammutbäume, der eine aus St. Gallen, der andere aus Rorschach herbeigeschafft, sollten über Wendeltreppen besteigbar sein, doch das wurde Lüttin verboten. Der eine Baum ist durch eine Art Hobbittür betretbar, im Innern gibt es einen kleinen Raum mit einem Buddha. In seiner Werkstatt fertigt Lüttin, schon immer angetan vom Phänomen Baum und vom Werkstoff Holz, die faszinierendsten Instrumente: Didgeridoos, die aussehen wie kleine Alphörner; mit Kuhfell bespannte Riesentrommeln; einen Baumstamm mit Saiten, der sich anhört wie ein Hackbrett; ein Hammerklavier mit einem Baumstamm als Klangkörper. Lüttin führt Gruppen durch Areal und Atelier, seine asiatische Frau kocht für die Gäste, langweilig wird dem Besucher garantiert nicht. Einen Vorgeschmack gibt es auf www.klangarena.ch.

47.01074 7.56966

Krauchthals Sandstein-Kathedrale
(BE)

Wenn man in der alten Sandsteingrube steht, packt einen ein heiliges Gefühl. Nein, das ist kein simpler Steinbruch, das ist eine Kathedrale. Ein Andachtsort, den der tätige Mensch in die Natur geschlagen hat. Krauchthal darf man getrost «Sandsteindorf» nennen, es gibt hier sogar Sandstein-Höhlenwohnungen. Ein «Sandsteinpfad», Gehzeit eine gute Stunde, zelebriert die lokale Spezialität, indem er dorfnah die markante Kreuzfluh umkreist und vier einstige Abbauorte verbindet. Direkt unter der Kreuzfluh liegt die Kathedrale, ein Ort von seltener Wucht. Eindeutig ist sie gotischen Stils, die vollkommen glatten, unheimlich hohen Wände streben in senkrechter Inbrunst der Wölbung des Himmelsdaches zu. Man atmet in der geballten Kraft beklemmt.

46.93210 6.72294

Der Creux-du-Van über Noiraigue
(NE)

Mit dem Zug von Neuenburg nach Noiraigue im Val de Travers. Von dort gelangt man zu Fuss in gut zwei Stunden auf die Krete des Creux-du-Van. Dessen Spektakel erschliesst sich kurz nach der Bauernwirtschaft Ferme Robert. Plötzlich dieser gewaltige Felsenkessel, 160 Meter hohe, senkrecht abfallende Kalkwände, die sich zu einem Hufeisen runden. Ein Amphitheater der Natur. Entstanden ist es durch Erosion, indem die weicheren Gesteine absackten, während der Rand, der sie ursprünglich hielt, geblieben ist. Im Aufstieg passiert man die Fontaine Froide, eine Quelle, deren Wasser auch im Hochsommer nicht wärmer ist als fünf Grad. Die Steinböcke und Gämsen auf dem Sentier du Single, wie der Schlängelpfad in der Steilpassage heisst, sind ziemlich unschüchtern; sie scheinen zu wissen, dass sie unter Schutz stehen. Ist man oben, tritt man an den Rand des *Cirque,* wie der Kessel bei

französischsprachigen Geologen heisst, und ermisst nun erst dessen volle Dimension und Ästhethik – dies ist einer der schönsten, wenn nicht der schönste Ort der Romandie. Jederzeit könnte man in dem Ambiente einen Indianerfilm drehen: Ein alter Häuptling hockt, Pfeife in der Hand, im Schneidersitz da und blickt weise auf einen über dem Abgrund kreisenden Adler.
PS: Eine Vermutung zum Sentier du Single – «Single» hat ja wohl nichts mit *single* wie «einzeln» zu tun. Passen würde die Ableitung von lateinisch *cingulum* gleich Gürtel, die für den «Tschingel» deutschsprachiger Berggegenden belegt ist. Tatsächlich wandert man im Angesicht eines monumentalen Felsbandes oder -gürtels.

47.66622 8.43416

Das Globularhaus in Trasadingen (SH)

«Hier wohnt Frodo», mag einer denken, wenn er im Schaffhauser Dorf Trasadingen an der Ecke Undergass/Langwis das «Globularhaus» oder auch «Rundhaus» passiert. Ein Schweizer Unternehmer hat es weltweit patentieren lassen. Vermutlich wohnt es sich gemütlich in dem Haus, das manche mit einem Ufo assoziieren. Und wie erfreulich schnell es gebaut ist:

Man errichtet auf der runden Bodenplatte vorgefertigte Schalungselemente. Spritzt Beton auf die Hülle. Verkleidet das Ganze zum Schutz gegen den Regen mit Spritzschaum, fertig ist die Maison Hobbit, und das in drei Wochen. Günstig soll das Ding auch sein.

47.22559 9.18858

Das Gotteshäuschen in der Thur

(SG)

Staunstoff am Thurweg von Nesslau nach Krummenau: Mitten im kräftig ziehenden, nach Unwettern gar reissenden Fluss steht, dem Fussgänger erschlossen durch einen Steg, ein Gotteshäuschen. Die Inselikapelle gehört dem Johanneum, einer Organisation, die mit Behinderten arbeitet; sie ist aber zugänglich. Man tritt ein und steht gleich vor der Muttergottes. Auf beiden Seiten der Kapelle ist Wasser, man sieht das durch die Fenster und fühlt sich wie auf einem spirituellen Schiff.

47.22344 7.53479

Hudibras – ein mysteriöser Name

(SO)

In der Verenaschlucht am Rande der Stadt Solothurn, dank einem französischen Baron vor gut zwei Jahrhunderten zur Zierpromenade hergerichtet, steht eine Steinbank mit der mysteriösen Inschrift «Hudibras». Schweizer Pressegeschichte spiegelt sich darin. *Hudibras* war im 17. Jahrhundert ein politisches Spottgedicht des englischen Dichters Samuel Butler. Mehr als 100 Jahre später gründete der Solothurner Verleger Franz Josef Gassmann die Zeitschrift HELVETISCHER HUDIBRAS, die im Gefolge der Französischen Revolution Freiheit und Gleichheit propagierte. Freilich gab es sie nur von 1797 bis 1798.

47.02281 📍 8.23590

Der Todesschütze von Hergiswald (LU)

Hoch über Kriens steht an der Strasse ins Eigental die Wallfahrtskirche von Hergiswald. Sie ist berühmt für ihre gewölbte Kassettendecke, einen «Bilderhimmel» mit 324 Einzelfeldern. Ihre Geschichte beginnt wie vieles in der Schweiz mit einem Deutschen; der Schwabe Johannes Wagner siedelte sich 1489 als Eremit im Wald an. Eine örtliche Adelsfamilie errichtete ihm zu Ehren eine Kapelle, der wiederum eine grössere folgte. Schaut man sich die anderen Fresken und Malereien in dem Gotteshaus an, stösst man auf eine verblüffende Darstellung des Todes. Meist schwingt der Skelettmann bekanntlich eine Sense. Eine solche hat der Tod von Hergiswald neben sich am Boden deponiert. Er hat auf einen Bogen gewechselt, der gespannt ist, der Pfeil bereit zum Fliegen. Aufrüstung gewissermassen.

46.72937 8.18907

Der Adler auf der Kirche von Meiringen (BE)

Der «Hasli-Adler» erinnert daran, dass das Haslital im Mittelalter reichsfrei war, das heisst: direkt dem deutschen Kaiser unterstellt. Dessen Wappentier war der Adler. Auf der Spitze der Sankt Michaelskirche in Meiringen hockt darum nicht der übliche reformierte Hahn. Sondern eben der Hasli-Adler.
PS: In Aeugst am Albis ziert ein Eichhörnchen die Kirchturmspitze.

47.45236 8.56325

Die Glocke im Flughafen Zürich (ZH)

Flughafen Zürich, Check-in eins, erster Stock, eine Galerie. Büros. Und ein Andachtsraum, denn zum Flughafen gehört die Flughafenseelsorge. In einem Gestänge hängt eine massive Glocke. Sie wurde einst für die Expo 1964 in Lausanne gegossen. Dann erwarb die Direktion des Flughafens Zürich sie. Als die V-Piste gebaut wurde, kamen viele katholische Arbeiter aus Spanien, Italien, Portugal. Sie wohnten in einer Barackensiedlung beim Bauplatz, die Glocke rief sie zur Messe. Nach Bauende verschwand sie für lange Zeit in einem Abstellraum. 1997, anlässlich der Einweihung des Andachtsraums, erinnerte man sich ihrer und holte sie wieder ans Licht. Ihre Inschrift passt zum Gewusel der Reisenden: *ut omnes unum sint* – auf dass alle eins seien!

47.21450 7.89028

Die Tabakscheunen des Pfaffnerntals (LU)

Im Pfaffnerntal, katholischem Herzland, gibt es einen Kapellenweg. Acht Kapellen sind zu erleben, die Begehung dauert gut zweieinhalb Stunden. Der Prospekt liegt zum Beispiel in der Pfarrkirche Pfaffnau auf, wo man am besten startet. Unterwegs sichtet man kurios überhöhte Scheunen, zuerst in Pfaffnau, dann in Niederwil, einem Ortsteil von Roggliswil (Koordinaten im Titel). Es gibt in der Schweiz noch rund 200 Tabakbauern. In luftigen Scheunen hängen sie die abgeernteten Tabakblätter zum Trocknen auf.
PS: Auch einen Themenweg samt Tabakscheune am Weg gibt es in Beromünster, ebenfalls Kanton Luzern. Der «Radioweg» erinnert in sieben Hörstationen an den einstigen Landessender. Die «Tubak-

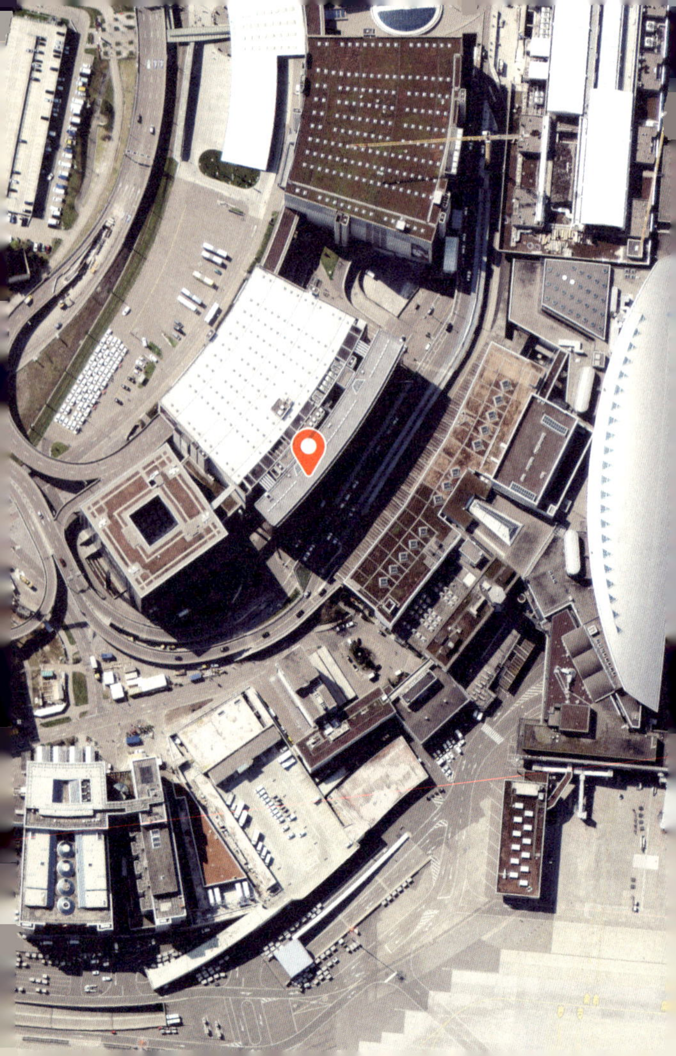

schüür Huebe» ist als Besenbeiz zugerichtet. Von der Decke baumeln bräunliche Riesenlappen. Tabakblätter eben. (Siehe auch Eintrag «Die «Waldkathedrale» Beromünster» Seite 198.)

47.24229 9.02305

Die Geköpften von Berg Sion
(SG)

Heilige, deren Martyrium plastisch dargestellt ist, deren Brust oder Bauch also zum Beispiel von Speeren oder Pfeilen durchbohrt ist, gibt es an vielen Orten im Land. Nehmen wir stellvertretend für alle die Kapelle zwischen dem Kloster Berg Sion und dem nahen Dorfweiler Uetliburg, Gemeindegebiet Gommiswald; man kommt vorbei, wenn man vom Obersee oder von Uznach auf den Rickenpass zuhält. In der Kapelle treffen wir auf zwei Gestalten, die ihre Köpfe vor sich hertragen; goldene Drahtschlingen umrunden den Leerraum über den Hälsen als makabre Heiligenscheine. Dies sind die Zürcher Stadtheiligen Felix und Regula. In unserer heutigen, politisch korrekten, auf Schonung der Gemüter erpichten Zeit ist die Drastik des Katholizismus staunenswert.

PS: Ein paar Kilometer weiter auf dem Ricken schauen wir hinüber Richtung Regulastein. Der Hoger heisst eigentlich Regelstein, doch änderten die Leute der

Gegend vor Jahrhunderten den Namen ab, eine Hommage an die christliche Regula; heute duellieren sich beide Namen. Einst stand auf dem Gipfel, 1315 Meter über Meer, auch eine Felix-und-Regula-Kapelle.

46.82935 9.67099
Die Esche von Peist
(GR)

350 Jahre alt soll sie sein und wird als älteste Esche Europas gehandelt. Etwas lieblos allerdings die Ecke am Bahnhof von Peist im Schanfigg, in der rund um den Baum allerhand Material lagert. Dabei ist dies ein ehrfurchtgebietendes Gewächs. Nur schon, dass es auf fast 1250 Metern über Meer gedeiht! Mehr als neun Meter beträgt der Umfang an der dicksten Stelle. Die Rhätische Bahn heuerte auch schon einen Baumpfleger an, der die Peister Esche von Pilzbewuchs befreite.

47.40291 8.53542
Zürichs «Fallender Brunnenhof»
(ZH)

In Zürich gibt es unterhalb des Bucheggplatzes beim Radiostudio ein Restaurant Fallender Brunnenhof. Seltsamer Name. Hier die Erklärung in zwei Etappen. Erstens: Der Name geht auf einen falschen Genitiv der Art «Vierstöckiger Hausbesitzer» zurück. Der «Fallende Brunnenhof» ist korrekt der Hof des fallenden Brunnens. Und zweitens: Ein fallender Brunnen ist historisch gesehen ein Röhrenbrunnen, aus dem das Wasser eben fällt, wohingegen es aus dem Sodbrunnen heraufgeholt werden muss. Im «Fallenden Brunnenhof» kann man übrigens kegeln.

46.49874 7.72348

Die Eisfischer auf dem Oeschinensee

(BE)

Ein aparter Winterausflug zum Oeschinensee beginnt mit der Gondelbahnfahrt von Kandersteg. Rund 20 Minuten braucht man von der Bergstation zu Fuss zum See, es geht leicht abwärts, man ist das Skigebiet und seinen Rummel schnell los. Der See ist von hohen Bergen umgeben, in dem Rundkessel klebt die Kälte sozusagen, es ist im Winter schnell mal zehn Grad unter Null oder mehr. Auf der Eisfläche machen sich von Anfang Januar bis Mitte März die Eisfischer ans Werk. Sie bohren Löcher durchs bis zu 50 Zentimeter dicke Eis, platzieren ihre Angeln, hocken über Stunden wie angefroren auf ihren Campingstühlen. Vielleicht sind sie wirklich angefroren. Wer sich an dem Mensch-Natur-Wunder sattgesehen hat, kann sich im ufernahen Restaurant aufwärmen.

46.42993 📍 7.74783

Der Hockenhorngrat

(VS)

Zuerst die Seilbahn von Wiler auf die Lauchernalp, dann die Anschlussbahnen, die Fahrt ist lang und die Skifahrer mustern einen indigniert – was will der Typ da oben ohne Ski? Der Hockenhorngrat bildet die Grenze zwischen den Kantonen Wallis und Bern, über den Zaun linst man tief hinab ins Gasterental. Nun beginnt, auf 3111 Metern, eine beschwingt leichte Panoramawanderung, hin und zurück drei Viertelstunden, zu einer Plattform. Von ihr soll man, sagen die Touristiker, 40 Viertausender sehen. Und überdies gilt die gewalzte Gehpiste als höchster Winterwanderweg Europas. Man kann auf dem Hockenhorngrat auch ohne Ski etwas erleben.

46.61833 📍 6.40739

Die Venogequelle in L'Isle

(VD)

Die Venoge ist der Nationalfluss der Waadt; über 36 Kilometer Länge durchströmt sie bis zur Einmündung in den Genfersee Waadtländer Terrain. Sie hat mehrere Quellen. Die eine, berühmte liegt am Dorfrand von L'Isle und ist in einem Spaziergang erreichbar. Wenn man erblickt, wie das Wasser in starkem

Schwall aus dem Boden dringt, ist man eigenartig berührt. Dies ist das Urspektakel des Werdens oder auch der Schöpfung: Wo nichts war, ist plötzlich etwas.

47.74947 8.48896 Das Schleitheimer Bekenntnis (SH)

Ortsmuseum Schleitheim. In der Mitte des sogenannten Täuferzimmers ein freistehender Schaukasten, darin ein Büchlein. Das *Schleitheimer Bekenntnis,* gut 500 Jahre alt. Es zieht Menschen von nah und fern an, speziell Amerikaner.

Um zu verstehen, weswegen das Büchlein Leute lockt, müssen wir uns Folgendes vor Augen halten: Die Schweiz ist ein Exportland, bekanntlich. Zu ihren erfolgreichsten Produkten auf dem internationalen Markt gehören in und nach der Reformation Glaubenslehren. Calvins Form des Protestantismus durchdringt die europäische und angelsächsische Welt. Bullinger führt Zwinglis Linie weiter und verfasst das *Zweite Helvetische Bekenntnis* mit, welches die Glaubensgrundlage der Reformierten mehrerer europäischer Länder bildet. In Zürich ensteht zudem ein originärer Zweig der Täuferbewegung um Leute wie Konrad Grebel und Felix Manz, deren Ideen weit strahlen. Den Berner Prediger Jakob Ammann, einen besonders radikalen Täufer einer späteren Epoche, nehmen sich bis heute die Amischen Nordamerikas und Kanadas zum Vorbild. Und schliesslich ist da Michael Sattler, der für wieder andere Täufer, die Mennoniten, wichtig wird. Er ist ein Deutscher, der in Zürich Täufergeist atmete; seine Biografie ist zudem mit dem abgelegenen Schaffhauser Dorf Schleitheim verknüpft.

Auch im Schaffhausischen versteckten sich die Täufer einst, namentlich in Schleitheim. Am 24. Februar 1527 kommt es dort zu einer Täuferversammlung. Man formuliert ein Programm, das als «Schleitheimer Bekenntnis» oder «Schleitheimer Artikel» berühmt wird. Prägende Kraft der Runde ist wohl Sattler. Zum Bekenntnis gehört die Ablehnung der Säuglingstaufe. Als wichtigste Strafe für Sünder innerhalb der eigenen Reihen wird der Bann empfohlen. Des weitern sollen sich Täufer von Nichttäufern absondern, heisst es da. Und keinesfalls dürfen Gemeindeglieder das Schwert ergreifen und Kriegsdienst leisten. Bis in die Gegenwart ist das Bekenntnis von Schleitheim Glaubensgrundlage vieler Mennoniten und auch Hutterer, wie eine andere Täufergruppe sich nennt.

Das Wunder von Schleitheim ereignet sich in unserer Zeit, im Jahr 2001. Schaffhauser entdecken im Katalog eines deutschen Auktionshauses einen Originaldruck der Schleitheimer Artikel. Eine Rarität, bisher waren weltweit nur drei Exemplare bekannt. Die zwei älteren von 1527 sind in einer Münchner Bibliothek aufbewahrt, dazu gibt es eine Ausgabe von 1550 im mennonitischen Goshen College in Amerika. Und nun ist ein zweites Exemplar der 1550er-Edition aufgetaucht. Die Schleitheimer gewinnen den Direktor der ZENTRALBIBLIOTHEK ZÜRICH dafür, nach Deutschland zu reisen; er setzt sich in der Auktion gegen amerikanische Bieter durch. Eine Stiftung zahlt. Heute bildet das schmucke Büchlein mit der Eröffnung *«Brüderliche vereynigung etzlicher kinder Gottes / siben Artickel betreffend»* das Zentrum des Täuferzimmers, in dem die Geschichte der Täufer in Wort und Bild erklärt wird. Schleitheim hat sein Bekenntnis wieder. Immer wieder schauen Täuferinnen und Täufer aus den USA, die in Europa eine Rundtour machen, deswegen vorbei.

Mit Michael Sattler nimmt es ein schreckliches Ende. In Deutschland wird er von den katholischen Kräften festgesetzt. In der Gerichtsversammlung zu Rottenburg zählt man ihm detailliert die Abweichungen seiner Theologie auf und wirft ihm Ungehorsam gegenüber den kaiserlichen Befehlen vor. Nach grässlichen Torturen wird er aufgrund des Urteils verbrannt; seine Ehefrau ertränkt man wenig später im Neckar. Für die Täufer überall auf der Welt ist der Name Sattler bis heute unvergessen.

46.90174 7.81361

Das Hegenloch im Emmental (BE)

Am Wanderweg von Eggiwil nach Langnau liegt in den Hügeln der «Blapbach», eine saftige Bauernbeiz. In der Nähe findet man das Hegenloch (auch «Hegeloch» geschrieben). Es ist einer der ältesten Strassentunnels der Schweiz und wurde 1839/40 von Bauern aus dem Bröckelfels gesprengt. Zum Anfang der Geschichte: Anna Seiler ist eine kinderlose, sehr vermögende Burgerin in Bern. Als um 1350 die Pest wütet, hilft sie bei der Pflege im «Spital vor den Predigern», aus dem das Berner Inselspital hervorgeht. Nach ihrem Tod 1360 geht ein gewaltiges Legat an ihr Spital. Dazu gehört Weideland in der Nähe des vorderen Girsgrates zwischen Eggiwil und Langnau. Diese beiden Dörfer wiederum würde ein Verkehrsweg ideal verbinden, wenn da nicht ein störender Nagelfluhriegel wäre. Im 19. Jahrhundert spielt die Verbindung der Stadt Bern zu dem entlegenen Gebiet: Das nach der Ausmusterung von Stadtberner Artilleriegeschützen nicht mehr gebrauchte Schiesspulver wird ins Emmental gebracht, das Hegenloch ausgesprengt. Fortan brauchen die Bauern nicht mehr den Talweg entlang der unberechenbaren Emme zu nehmen. Und die heutigen Wanderer freuen sich über einen abenteuerlichen Tunnel.

46.61927 6.41155

Das Schloss von L'Isle

(VD)

Würde man einzig wegen der bereits erwähnten Venoge-Quelle nach L'Isle reisen, das etwas abgelegen platziert ist? Nun, da ist auch noch das Schloss. Bei seinem Anblick erleidet man ein Déjà-vu; ist die harmonische Komposition mit dem riesigen Wasserbassin nicht irgendwie … Versailles? Durchaus! Charles de Chandieu war ein hoher Offizier in der Armee des französischen Sonnenkönigs Louis XIV. Eines Tages präsentierte er seiner Ehefrau *in spe,* Catherine de Gaudicher, den Familienstammsitz in L'Isle. Doch angesichts von dessen Verlottertheit rief die Zukünftige wütend: «Ist das alles?» Darauf beauftragte de Chandieu den Hofarchitekten seines Königs, den Versailles-Erweiterer Jules Hardouin-Mansart, mit einem Neubau. Madame soll mit dem Resultat sehr zufrieden gewesen sein und gebar elf Kinder. Platz für sie war genug.

46.69942 📍 7.44054

Der Kiosk auf dem Morgetenpass (BE)

«*Hesch en Kiosk a de Eigernordwand?*» heisst so viel wie: «Spinnst du?» Der Kiosk am Berg ist das Sinnbild des Absurden. Im Kanton Bern gibt es ihn. Der Morgetenpass führt vom Gurnigelgebiet hinüber ins Simmental. Oben auf dem Pass, auf 1958 Metern, steht ein Hüttchen. Man kommt keuchend an und freut sich; da steht eine Frau hinter der Theke. Man kann Kaffee trinken, Mineral, ein Bier. Dazu gibt es Selbstgebackenes. Oder Hobelfleisch und Alpkäse, alles von der Alp Obriste Morgeten eine Geländeterrasse tiefer auf der Simmentaler Seite. Dort sennen und käsen die Siegenthalers, die auch den Kiosk betreiben.

47.06315 📍 6.70887

Der Jürgensen-Turm über Les Brenets (NE)

Das muss ein Jagdschlösschen sein, charmant, denkt man, während man in Les Brenets den Hügel südöstlich mustert. Zinnen lugen über den Waldkamm. Vorfreudig steigt man via den Aussichtspunkt La Caroline auf, merkt aber, als man beim vermeintlichen Schlösschen ankommt: Es besteht nur aus dem Turm. Und dieser ist ein Fantasiegebilde der Neuzeit, welches Mittelalter spielt. Aber toll ist das schon, im Innern die steinerne Wendeltreppe zu nehmen und von oben auf den Lac des Brenets, die Schluchten des Doubs, Frankreichs Wiesen und Wälder zu blicken. Erbaut hat das surreale Ding mit der grossen Aussicht der dänisch-schweizerische, mit der Houriet-Dynastie verbandelte Uhrenpionier Jules Jürgensen in den 1870er Jahren. Neogotischer Stil, eine romantische Vision im Zeitalter der Fabrikarbeit. Bis heute ranken sich um den Turm Legenden. Diejenige etwa, der dänische Märchendichter Hans Christian Andersen *(Das kleine Mädchen mit den Schwefelhölzern)* habe sich auf dem Turm schriftstellerisch betätigt. Das allerdings ist kreuzfalsch. Andersen hielt sich zwar wirklich mehrere Male in Le Locle auf, also ganz in der Nähe. Das letzte Mal Ferien machte er in der Gegend aber 1867. «La Tour Jürgensen» gab es da noch nicht.

46.28213 8.80008

Die Lüéra von Ganne

(TI)

Wenn man von Lavertezzo auf dem Wanderweg westseitig der Verzasca taleinwärts geht, kommt man vor Brione bei Ganne zu einem Hinweisschild. Es führt zu einer Lüéra, einer Wolfsfalle aus früheren Zeiten.

Simple Sache: eine tiefe Grube im Boden, in der man einen Köder auslegte. Einen lebenden. Der hungrige Wolf konnte nicht widerstehen, sprang ins Loch und konnte nicht mehr hinaus, weil sich die Mauern der Grube gegen oben verengen. Wer einen Wolf gefangen und getötet hatte, brachte den Behörden eine Pfote und kassierte eine Prämie.

46.38140 10.02373

Die Crot im Puschlav

(GR)

In Süditalien haben sie Trulli, in Südbünden Crot. Die Puschlaver Steiniglus, aus Bruchsteinen ohne Beigabe von Mörtel kunstvoll gefügt, waren einst wichtig im Alltag; heute schmücken sie die Landschaft. Man sieht solche Crot (Einzahl und Mehrzahl sind identisch, daneben gibt es auch die italianisierte Form *Crotto,* Mehrzahl *Crotti)* zum Beispiel am Rand der Terrasse des Hotelchens Sassal Mason (siehe auch Eintrag «Der Caralin-See unter dem Palügletscher» Seite 214) unweit des Berninapasses (Koordinaten im Titel). Auf der Geländeterrasse von Selva über Poschiavo gleich beim Restaurant Selva. Oder in Brusio an der Bernina-Bahnlinie. Die Crot sind meist in den Schatten gebaut, stehen oft über Wasserläufen oder Quellen. Im Innern ist es auch im Hochsommer feucht und kühl, die Temperatur soll nicht über fünf Grad steigen. Die urigen Kühlschränke sind ideal für die Aufbewahrung von Milch und Käse.

47.35900 📍 6.91423

Der Stalagmit von Réclère
(JU)

Die Grotten von Réclère am Rand der Ajoie erreicht man mit dem öffentlichen Verkehr speditiv. Von Pruntrut fährt der Bus durch spärlich besiedeltes Bauernland, ganz nah fliesst der Doubs und verläuft die Grenze zu Frankreich. Der Bus hält, man steigt aus, geht am Restaurant vorbei ein paar Schritte und kommt zu einem Bungalowgebäude, das gleichzeitig Kiosk, Sammelpunkt, Souvenir-Verkaufsstelle und Billettschalter ist. Zweckmässigerweise löst man ein Kombibillett, denn über den Grotten erstreckt sich der Préhisto-Parc, ein Themenweg durch den Wald mit Dinosauriern sowie anderen nachgebildeten Monstern der Vorgeschichte in Lebensgrösse; Kinderjauchzen bildet den Soundtrack. Nun zum eigentlichen Wunder, den Grotten von Réclère mit dem «Dom» als Zentrum. Ein Loch in der Nähe des heutigen Empfangsgebäudes steht am Anfang ihrer Entdeckung in der Neuzeit. Die Bauern der Gegend warfen in das Trou du Fahy lange Zeit ihre Tierkadaver.

1886 stiegen Lumpensammler ins Loch, sie wollten die Knochen bergen, um daraus Dünger zu fertigen. Dabei fanden sie die Tropfsteinhöhle, die wenige Jahre später nach dem Bau eines Zugangsstollens für die Besichtigung geöffnet wurde. Die Führung dauert eine Stunde, man kommt in eine Halle von den Dimensionen einer Kathedrale, ein Treppenweg führt gefahrlos hinauf und hinab; die Temperatur beträgt das ganze Jahr über gut sieben Grad. Die Stalagmiten (die vom Boden aufsteigen) und Stalaktiten (die von der Decke hängen) bilden zum Teil Ensembles, andere bleiben einzeln. «Dom» heisst der Doyen der Stalagmiten. Er ist mit 15 Metern Höhe der grösste bekannte Stalagmit der Schweiz.

47.50334 8.01607

Der Plateosaurus von Frick
(AG)

Der Weg zum ältesten Aargauer ist vom Bahnhof Frick ausgeschildert, in zehn Minuten erreicht man das Sauriermuseum. Es birgt ein Schweizer Unikum. Ein Stück, das sich im weltweiten Vergleich sehen lässt: das vollständige Skelett eines Plateosaurus, aus einer örtlichen Tongrube gehoben. Plateosaurus steht am Anfang der Entwicklungsgeschichte der Dinosaurier, er ist ein Ur-Dino. Im Erdzeitalter Trias ging er um, vor über 200 Millionen Jahren, und frass Pflanzen. Er war – wie passend zu unserem Zeitgeist! – Vegetarier.

46.465026 📍 6.072930

Das Grenzhotel von La Cure
(VD)

La Cure im Waadtländer Jura, erreichbar per Schmalspurbahn von Nyon aus, ist ein Grenzdorf auf 1150 Metern. Und genau auf dieser Grenze steht – international eine Kuriosität – das Hôtel Arbez Franco-Suisse. Es hat zwei Eingänge, einen französischen und einen schweizerischen. Zwei Telefonnummern mit verschiedenen Vorwahlen. Zwei Lokale, die Brasserie in Frankreich und das gehobenere Restaurant in der Schweiz. Völkervereinigend dafür die Honeymoon-Suite, die Grenze verläuft durch das Bett. Der deutschen Zeitung DIE WELT erklärte der Hotelier, mit welchen Problemen er zu kämpfen hat. Der Einbau eines Fensters wurde von den französischen Behörden nicht genehmigt, die für die betreffende Aussenwand zuständig sind; hingegen durfte das Fenster aus Sicht der Schweizer Behörden realisiert werden, die für den Innenraum zuständig sind – nun ist das Fenster bloss ein Spiegel. Im Zweiten Weltkrieg war das «Arbez» ein Ort der Résistance; britische

Agenten wurden durch das Haus geschleust, in dem deutsche Besatzungssoldaten gerne becherten. 1962 dann wurde in dem Hotel zwischen den verfeindeten Parteien Frankreich und Algerien das Ende des Algerienkrieges verhandelt.

47.58674 8.29298

Verenas Sarkophag in Bad Zurzach
(AG)

Soldaten müssen essen, Soldaten brauchen saubere Kleider. Zu manchen Zeiten nahmen sie daher Frauen mit in den Krieg, ihre Gattinnen oder Mägde. So kam Verena im Tross der Thebäischen Legion aus dem Orient in die Schweiz; diese Legion zur Zeit des spätantiken Roms bestand aus ägyptischen Christen. Während die Truppe im Wallis stationiert war, wurden die Soldaten wider ihren Glauben zu heidnischen Handlungen gedrängt – sie wählten den Märtyrertod. Das war um 300, nach einem der Enthaupteten, Mauritius, ist das Städtchen St-Maurice benannt. Verena, später die Heilige Verena, verlegte sich fortan auf ein besonders frommes Tun. Sie pflegte Arme und Kranke, was in ihren Attributen ausgedrückt ist: Mit ihrem Doppelkamm lauste sie ihre Patienten, mit ihrem Krug wusch sie diese. Eine Zeit lang waltete sie als Haushälterin eines Priesters, sie gilt darum als Schutzpatronin dieses Berufsstandes. Und in der Verena-Schlucht nahe Oberdorf ist ein Felsblock zu besichtigen, den angeblich der Teufel auf sie werfen wollte, worauf sie ihn mit ihrem unschuldigen Blick fixierte und er den Stein auf den eigenen Fuss fallen liess. Schliesslich kam Verena nach Zurzach, neuerdings Bad Zurzach, dort ist sie im Verenamünster begraben, einer Prachtkirche, deren Schiff noch romanischen Ursprunges ist. In der Krypta des Chorturms kann man den Sarkophag besichtigen. Die Grabplatte zeigt Verena mit langem, offenem Haar; was bedeutet: Sie blieb jungfräulich. Mit Sicherheit ist dies einer der stimmungsvollsten Orte im Land. Die wundersame, wunderwirkende, wunderbare Verena bescherte Zurzach Wallfahrer, also Handel und Wandel, sowie den 1. September als Feiertag. Das Verenawasser aus dem Sodbrunnen soll übrigens gegen Haut- und Augenkrankheiten helfen. Und gegen Ungeziefer.

47.13341 8.31189

Die Mammutzähne aus Eschenbach (LU)

Drei Mal schon hat Peter Honauer, Maschinist im Kieswerk Eschenbach, mit seinem Bagger Mammutzähne aufgedeckt. Am besten erhalten war der Zahn von 2013: 90 Zentimeter Länge und 23 Zentimeter Durchmesser. 29 000 Jahre alt sind die Zähne. Sie überstanden die lange Zeit bis heute in einer Kiesschicht, die während einer lauen Phase der letzten Eiszeit aufgeschwemmt wurde. Knochen von Mammuts wurden keine gefunden; sie sind weniger haltbar als Zähne.

47.34624 8.70581

Helvetia und Merkur in Uster (ZH)

Der Zellweger Park in Uster: vormals ein Industrieareal mit Weihern und Kanälen, deren Wasser Maschinen trieb. Heute flaniert man durchs Grün, geniesst die schönen Bäume und sieht sich moderne Kunst an wie etwa den schon erwähnten Kawamata-Steg. Gearbeitet und gewohnt wird auf dem Areal auch, alles durchdringt und ergänzt sich. Gleich neben dem Gebäude der Kantonspolizei und der Staatsanwaltschaft steht im Rasen eine fast vier Meter hohe Helvetia mit Schweizerkreuz auf der Brust. In der Hand hält sie eine Kugel, auf der ein vergoldeter Merkur steht samt Heroldstab, um den sich Schlangen winden. Rätselhaft – was wollen die zwei in diesem Ambiente, wo ist der Bezug? Bei dem Urheber der Skulptur handelt es sich um Richard Kissling, der auch den

Wilhelm Tell zu Altdorf und das Alfred-Escher-Denkmal am Zürcher Bahnhofplatz schuf. «Helvetia und Merkur», diese Kombination der Schweizer Nationalfigur und des antiken Gottes des Handels, Gewerbes, Reichtums, entstand 1899 und zierte bis 1959 den Zürcher Paradeplatz, wo sie die Kundinnen und Kunden des Schweizerischen Bankvereins empfing. Dann musste sie einem Neubau weichen. Der Unternehmer Walter Bechtler, ein Kunstsammler und -liebhaber, rettete sie vor der Verschrottung und stellte sie zuerst vor seiner Firma Luwa in Zürich Albisrieden auf. Als die Luwa mit der Firma Zellweger fusionierte, zog die Skulptur vor gut 25 Jahren ein zweites Mal um, nach Uster in den Zellweger Park. Der kleine Merkur wurde seither schon einmal abgeschlagen und geklaut. Man musste ihn anhand einer Fotografie rekonstruieren.

47.20219 8.18407

Die «Waldkathedrale» Beromünster

(LU)

Beromünster ist eine Überraschung für alle, die es nicht kennen und sich womöglich ein krudes Luzerner Bauerndorf vorstellen. Ein Stift dominiert den Ort derart mächtig, dass man sich in einer Klerikerrepublik wähnt, einem Klein-Rom vor der Kulisse des

Hügelzuges Erlosen. Weil sich die geistlichen Herren von einst in der Natur meditierend oder lustwandelnd ergehen wollten, entstand 1790 bis 1792 im Schlösslivald eine Spazierallee, die «Waldkathedrale». Der Baumeister Joseph Robert Purtschert aus österreichischem Geschlecht liess den stiftseigenen Hügelkamm roden, planieren und mit Aufschüttungen ergänzen. Aussichtsterrassen wurden eingerichtet und neue Bäume gepflanzt: Rosskastanien und Hainbuchen. Auf 130 Metern Länge entstanden Parallelalleen, optisch fixiert durch Weissdornhecken und Gatter. Der Grundriss des Prachtparks imitierte eine Kathedrale von 115 Metern Länge mit Mittelschiff und zwei Seitenschiffen. Die Herren vom Stift konnten nun gepflegt einherschreiten und sich am Gotteshaus zu ihren Füssen und den Alpen am Horizont erfreuen. Man muss sich die Anlage als eine Art englischen Garten mit Rasen, gepflegten Hecken und niedrigem Gehölz vorstellen. Heute wirkt das Ensemble angejahrt, dies umso mehr, als man irgendwann alles dem freien Wachstum überliess. Die Bäume stehen hoch, der Raum dazwischen wirkt etwas ungepflegt, die Herrlichkeit von einst ist eher erahnbar als eins zu eins sichtbar. Und doch ist dies, wie Waltraud Hörsch in *Nutzen und Zierde. Fünfzig historische Gärten in der Schweiz* (SCHEIDEGGER & SPIESS) schreibt, ein «einzigartiges Werk der Landschaftsarchitektur». Wandertipp: Am oberen Rand des Stiftsbezirks Beromünster starten. In fünfzehn Minuten ist man beim Schlössliwald und betritt die Waldkathedrale durch eine Veloschranke. Man ist nun auf dem «Radioweg» unterwegs. Auf dem 45 Gehminuten entfernten Blosenberg steht der stillgelegte Hauptsendeturm des einstigen Landessenders Beromünster. Der Radioweg umfasst sieben Hörstationen, rote Säulen, an denen einem kurze Proben einstiger BEROMÜNSTER-Sendungen eingespielt werden. Zwischen den Hörstationen drei (Ende der Waldkathedrale, von Beromünster gesehen) und der Hörstation vier ist in einer alten Tabakscheune eine schöne Besenbeiz entstanden, die «Tabakschüür». Waldkathedrale und Radioweg: im Mix etwas für die ganze Familie. Wer gern gediegen essen will, kehrt vorher oder nachher im ehrwürdigen «Hirschen» zu Beromünster ein.

45.82854 9.03368

Die Scala del Paradiso bei Chiasso
(I)

Dieses Wunder liegt knapp auf italienischem Boden. Es entfernt sich aber nie mehr als einige Meter vom schweizerischen Hoheitsgebiet. Die meiste Zeit über verläuft die Scala del Paradiso gar direkt dem Grenzzaun von Chiasso entlang, der zum Teil kaputt ist. Pfosten liegen im Kraut, der Drahtverhau ist löcherig. An einigen Stellen ist die Befestigung ganz weg. Es bräuchte einer allerdings eine Machete, um in der steilen Halde durch das Dickicht niedriger Bäume, Büsche und Brombeerdornen illegal über die Grenze zu gelangen.

Vorerst gilt es, die Treppe zu finden. Schwierig ist das nicht. Vorbei an der Skulptur «Italia e Svizzera», zwei Frauengestalten in schwesterlicher Nähe, geht es aus dem Bahnhof von Chiasso und rechts die Strasse hinab zum Zollgebäude. Nach dem Grenzübertritt läuft man noch hundert Meter geradeaus und biegt beim Wegweiser «Parco Spina» rechts in die triste Via Stefano Franscini ein. Sie führt zu einer Unterführung, auf der anderen Seite des Geleisefeldes kommt man wieder ans Licht und schwenkt nach rechts; rostige Leitplanken führen in eine Art Wendeplatz und Schrotthof. Dort steht ein Wegweiser und zeigt die Scala an.

Was folgt, ist ein strapaziöser Aufstieg über gut 900 Stufen, man ist dabei froh, dass auf dem Grossteil der Strecke ein Handlauf, mal aus Holz, mal aus Metall, vorhanden ist, der einen zwischen Erde und Himmel stabilisiert. Gebaut wurde die stellenweise brutal steile Treppe kurz vor 1900 von der Guardia di

Finanza; sie sollte es Grenzwächtern erleichtern, Schmuggler zu jagen. Peter Faesi, ein hierhin ausgewanderter Deutschschweizer, der auf beiden Seiten der Grenze unbekannte Einrichtungen dieser Art dokumentiert, weist in einem Artikel auf eine hübsche Ironie hin: Die Treppe wurde bald auch von den Schmugglern genutzt.

Und oben? Hat man die 200 Höhenmeter geschafft, gibt es verschiedene Möglichkeiten. Etwa: zum Grenzstein 75B halten, dem südlichsten Punkt der Schweiz. Ins Dorf Pedrinate, ebenfalls Schweiz, wandern. Oder aber auf der italienischen Seite Schützengräben aus dem Ersten Weltkrieg erforschen.

47.40537 8.38099

Bruno Webers Park im Limmattal (ZH/AG)

Am Hang oberhalb von Dietikon und Spreitenbach schuf sich Bruno Weber, 1931 bis 2011, ein lebenslänglicher Maniker, unter kreativer Missachtung zonenrechtlicher Bestimmungen ein Gesamtkunstwerk. Sein persönliches mythologisches Set. Einen Kosmos mit gewaltigen Giraffen und Spinnen, Hybridgeschöpfen, klauenfüssigen Picknickstühlen, einer aus Drachenwesen zusammengesetzten Rundbrücke so hoch wie ein altrömischer Aquädukt. Das Betriebskonzept und den Businessplan lieferte der Künstler nicht mit, der Park schien einmal ganz schliessen zu müssen. Als Besucher ist man nie ganz sicher, ob nicht das eine oder andere Exponat marode ist und eventuell zusammenbrechen könnte; so manches bräuchte dringend eine Auffrischung. Aber faszinierend ist der Trip schon. Webers Park ist: LSD-Tarantula-Fantasie. Angkor Wat und Dschungelcamp. Hundertwasser-Farbexplosion im Widerstreit mit HR Giger-Alien-Horror. Erich-von-Däniken-Götterastronauten-Parodie und Totempfahlland. Nachempfindung präkolumbischer, schwarzafrikanischer und pharaonischer Skulpturentraditionen. Mad-Max-Spielplatz mit Schrottappeal. Altes Haus von Rocky Docky und Villa Kunterbunt. Extraterrestrischer Zoo und kollektives Unbewusstes zum Begehen. Poesie und Delirium mischen sich im Limmattal auf einzigartige Weise.

47.65792 9.18758
Grenzenloser Bodensee
(CH/D)

Gewusst, was das ist: der Konstanzer Trichter? So heisst die Bucht bei Konstanz und Kreuzlingen. In diesem Trichter ist die Grenze zwischen Deutschland und der Schweiz klar definiert. Warum sollte das erwähnenswert sein? Weil im Gros des Obersees, wie

der grosse Teil des Bodensees heisst, keine Hoheitsgrenze zwischen den Ländern festgelegt ist – ein historisches Versäumnis. Stattdessen gilt Gewohnheitsrecht, das meist von einer Grenze ungefähr in der Seemitte ausgeht. Andere Rechtstheoretiker postulieren, ausserhalb des Uferstreifens sei die Wasserfläche gemeinschaftlicher Herrschaftsbereich der drei Anrainerstaaten, sogenanntes Kondominium. Bodensee, was bist du originell!

46.79971 9.23551

Der Sonnengott von Falera
(GR)

Generell scheinen sie in der Prähistorie gute Laune gehabt zu haben; man denke an den erwähnten lächelnden Menhirmann im Laténium bei Neuenburg. Er datiert von circa 4500 vor Christus. In Falera, dem Nachbardorf der Bündner Ski- und Snöberorte Flims und Laax, finden sich auf dem Muttahügel ebenfalls Menhire, also aufgestellte Steine. Sie sind jüngeren Datums, stammen aus der mittleren Bronzezeit, 1600 bis 1200 vor Christus, und waren wohl Teil eines Kults. Einzelne der Steinreihen scheinen, wenn man ihre Linien weiter Richtung Horizont und Himmel zieht, astronomische Phänomene wie die Tagundnachtgleichen anzupeilen und dienten möglicherweise als Kalender. Berühmt ist jener Block aus Verrucano-Stein, der 1984 entdeckt wurde. Er liegt etwa 150 Meter östlich der Remigiuskirche, die Besucher als Fixpunkt für den Rundgang durch die Anlage nehmen, und zeigt eine geheimnisvolle Figur. Sie wirkt hingekritzelt, sieht nach Bub mit Stachelfrisur aus, wird gemeinhin als «der lachende Megalithiker» tituliert. Hier die Deutung der Figur aus dem Prospekt *Parc La Mutta, Falera. Megalithische Kultstätte:* «Auf dem Kopf trägt sie etwas wie eine Krone oder Korona (...). Stellt sie vielleicht einen vermenschlichten Sonnengott dar?»

47.04434 7.09648

Diebold von Erlach

(BE)

Erlach, das Städtchen am Bielersee, wurzelt im Mittelalter, seine Ulrich-Kirche ist gut 1000-jährig. Erlach hat den Von Erlach den Namen gegeben, einem der grossen Patriziergeschlechter des alten Bern. Diebold von Erlach, der sich in Frankreich Thiébaud d'Arlac nannte, wurde 1541 geboren als Sohn des Petermann von Erlach, Herr von Bümpliz und Hettiswil, Landvogt von Grandson, Vogt von Lausanne. Als Diebold 17 Jahre alt war, schickte ihn der Vater nach Frankreich zwecks Erziehung und Ausbildung durch einen hugenottischen Admiral. So begann ein ebenso abenteuerliches wie kurzes Erwachsenenleben. Als Fähnrich reiste Diebold von Erlach unter dem Calvinisten René de Laudonnière nach Amerika. 1564 landete die französische Expedition in Florida; sie suchte Gold und Silber und sollte eine protestantische Kolonie vorbereiten, geriet aber bald in Streit mit den Indianern. Und auch mit den Spaniern legten sich die Franzosen an. Am Ende, nach komplizierten Verwicklungen, Schiffbruch, Hunger, Verzweiflung, wurden sie 1565 alle von den Spaniern niedergemetzelt. Ob der junge Berner Offizier erschlagen wurde oder ertrank, ist unklar. Er gilt als erster Schweizer, der in Amerika landete – eine Erfolgsgeschichte wurde daraus nicht.

46.84818 9.53356

Das Sennentuntschi von Cauco

(GR)

Das Sennentuntschi ist alpiner Sagenstoff, einsame Älpler basteln sich zur eigenen Lust eine Puppe, die irgendwann zu unheimlichem Leben erwacht. Als das Schweizer Fernsehen 1981 eine TV-Fassung von Hansjörg Schneiders gleichnamigem Bühnenstück ausstrahlte, gab es einen Skandal. Rechtsbürgerliche drehten durch, der Autor floh zwischenzeitlich ins

Tessin. So weit die Fiktion. Und nun die Wirklichkeit. Das Rätische Museum zu Chur (Koordinaten im Titel) hat in seiner Sammlung ein echtes Sennentuntschi; es ist das einzige, das man kennt. 40 Zentimeter hoch und 330 Gramm schwer ist es, der Körper ist aus Holz, der Torso und die Arme sind mit Tuch verstärkt und geformt, auf dem Kopf trägt es echtes Frauenhaar, die Brüste sind aus Stoff gebildet, die Scheide ist geschnitzt – krude gesagt handelt es sich um eine alpine Sexpuppe. Unheimlich der weit geöffnete, sozusagen stumm schreiende Mund. Das Ding stammt aus dem Calancatal. Der Journalist Peter Egloff spazierte dort 1978 durch den Weiler Masciadon ob Cauco und kam mit einem gewissen Angelo Peretti ins Gespräch, seines Zeichens der letzte feste Einwohner von Masciadon. Peretti überreichte Egloff leicht verlegen die Puppe. Wie alt sie ist und woher sie stammt, war nicht in Erfahrung zu bringen; Peretti konnte keine genauen Angaben machen. Egloff, der die Begebenheit im Buch *Der Bischof als Druide* (DESERTINA, 2013) erzählt, fühlte sich mit dem Tuntschi in seiner Zürcher Wohnung nie ganz wohl: «So gab ich das beunruhigende Geschöpf schliesslich in die Sammlung des Rätischen Museums, wo man die ihm innewohnenden Kräfte mit der auf den Rücken gemalten Inventarnummer H 1986, 52 zu bannen versucht hat.»

47.34373 📍 8.77276

Kürbisland in Seegräben

(ZH)

Einige Leute werden diesen Eintrag nicht mögen – doch stellen wir vorerst fest, dass Seegräben ein reizendes Dörfchen auf einer Geländeterrasse über dem Pfäffikersee ist. Gleich bei der Kirche bauern die Juckers. Und die setzen die Vorgaben und Erwartungen an heutige Landwirte derart energisch und erfolgreich um, dass es ein Problem ist. Auf ihrem «Erlebnis-Hof» inszenieren sie Strohwelten, lassen die Leute selber Beeren und Kirschen pflücken, wandeln Apfelplantagen in Irrgärten um. Einen grossen Laden führen sie auch, offen an 365 Tagen im Jahr; die zugehörige Wirtschaft ist beliebt. Höhepunkt des aktiv umgesetzten Jahreskalenders ist die Kürbissaison. Dann bauen die Juckers gewaltige Tableaux in Orange: Elvis aus Kürbissen, die Arche Noah aus Kürbissen, Dinosaurier aus Kürbissen. Kürbis-Ausstellungen zu Themen wie «Olympia» kann man als Veranstalter mieten und so den eigenen Anlass ins Schrille drehen. Auch eine Kürbisregatta veranstalten die unternehmerisch veranlagten Juckers. Die Crux ist, dass Seegräben mittlerweile schwer unter dem Verkehrsaufkommen leidet. Das Dorf ist klein, wie gesagt. An schönen Herbsttagen kommen Massen; viele mit dem Auto, trotz des

Shuttlebusses ab dem Bahnhof Aathal. Mittlerweile setzt die Gemeinde den Juckers mit Auflagen zu und versucht sie einzuschränken. Diese machen kreativ Gegendruck, indem sie zum Beispiel die Idee einer Seilbahn von Aathal hinauf nach Seegräben lancierten. Auch haben sie diversifiziert und andere Höfe in der Region dazugekauft. Geht es in Seegräben nicht mehr, können sie ihr Kürbiswunder immer noch zügeln.

47.46347 7.50925

Die Kamele von der Bergmatten
(SO)

Drei Wunder in einem Ausflug. Das erste besteht aus dem Chälengraben südlich von Hofstetten respektive aus der Art, wie er für Fussgänger hergerichtet wurde, Treppenstufen, Handläufe und Stege machen die Jurakalk-Schlucht zum leicht geniessbaren Geh- und Guckvergnügen; auch Feuerstellen sind hergerichtet. Das zweite Spektakel bekommt man serviert, sobald der Aufstieg bewältigt ist. Von der Bergmatten, 700 Meter über Meer, hat man einen grossartigen Weitblick. Man sieht Basels ROCHE-Turm, der die Stadt seit einiger Zeit neu markiert, dazu das Leimental, die Vogesen und den Schwarzwald. Weil das Schauen dauern kann, setzt man sich dazu am besten auf die Terrasse des Panoramarestaurants «Bergmatten». Wunder drei ist das Kamel, das ganz in der Nähe weidet; was für ein Urvieh! Manchmal sieht man auch seinen Nachwuchs. Schon seit 20 Jahren hält der Wirt Kamele. Frieren die im Winter nicht, fragt man sich. Nicht, wenn sie aus der Mongolei kommen, wo es im Winter kälter und im Sommer heisser ist als bei uns.

47.17363 8.10933

Der Tresor von Sursee

(LU)

Ein derart grosses Kloster wie die Zisterzienserabtei von St. Urban unweit von Langenthal zeitigte eine Unmenge an Verwaltungsarbeit. Den Mann, der sie leitete, nannte man «Schaffner». Seinen Sitz hatte er über 20 Kilometer vom Kloster entfernt in der Stadt Sursee; der heutige Sankturbanhof, dessen Vorgeschichte bis ins 13. Jahrhundert zurückreicht, entstand 1596 bis 1598. In unserer Zeit ist er ein Museum und Kulturzentrum. Kam der Abt einst zu Besuch, nutzte er das Renaissancehaus als Residenz und konnte im Festsaal Gäste würdig bewirten (übrigens gibt es in Sursee als Pendants auch den Einsiedlerhof des Klosters Einsiedeln und den Murihof des Klosters Muri). Vom Schaffner, der zum Beispiel Zinszahlungen entgegennahm oder Handwerker entlöhnte, ist im Sankturbanhof der Schreibtisch übriggeblieben. Und als Preziose der Wandtresor von 1607, in dem Geld und Gold sicher lagerten. Der Tresor sieht aus wie ein bemaltes Fenster, seit ihn ein späterer Abt mit allerlei Wappenkram schmücken liess.

47.46463 7.81009

Die Hühnerguillotine von Sissach

(BL)

Guido Varesi nimmt das unterarmlange Ding gern mal in die Hand und demonstriert dem Besucher den Mechanismus. Er spannt eine Art Feder an, drückt den Abzug, was an eine Pistole erinnert. Oder an eine Guillotine: Die Klinge schiesst in ihrem Rahmen vorwärts – zack, Kopf ab. Wobei es sich beim Opfer um ein Huhn handelte. Die Hühnerguillotine wurde um 1900 in einer emmentalischen Suppenhuhnfabrik eingesetzt; die Hühner wurden an den Füssen gebunden angeliefert und effizient um einen Kopf kürzer gemacht. Das «Henker-Museum» von Varesi, Inhaber eines Tattoostudios, ist im ehemaligen Gefängnis von Sissach bei der Diegterbach-Brücke untergebracht, ein Kabarett des Makabren auf drei Stockwerken. Der Betreiber gibt sich aber Mühe, den Schrecken zu mildern. Neben Schandmasken aller Art,

Richtschwertern, Daumenschrauben, Folterbirnen, einem aufhängbaren Käfig mit einem sich zwischen den Eisendornen windenden Skelett gibt es eine Ausstellung in der Ausstellung. Sie ist Pius Buser gewidmet, 1898 bis 1968, dem Entfesselungskünstler aus Sissach, einem Schweizer Houdini sozusagen, der einst mit dem Personal einer Irrenanstalt wettete, dass es ihm gelingen würde, dessen beste Zwangsjacke loszuwerden; er brauchte dann zehn Minuten.

46.36940 9.99598

Der Caralin-See unter dem Palügletscher (GR)

Nur schon die Vegetation: Türkenbund, Knabenkraut, Enzian. Und Edelweiss direkt am Weg. Und dazu Gletscher und Berge rundum samt dem Piz Palü als Schutzpatron. Wir starten bei der Zughaltestelle beim Bernina-Hospiz, gehen den See entlang nach Süden bis zur Seespitze, steigen auf zum Sassal Mason, einem aussichtsreichen Punkt mit Hotelchen. Nach kurzem Abwärts-Intermezzo halten wir auf einem gemässigt steigenden, eine steile Halde querenden Pfad direkt auf den Palü zu; wir haben dessen Gletscher samt Wasserfällen vor uns, müssen gleichzeitig unter Bergbächen hindurch, die von rechts über den Weg schiessen und uns frech bespritzen. Ein Feld mit Felsbrocken ist auch zu durchqueren, wir spielen Steinbock. Schliesslich nach knapp zweieinhalb Gehstunden auf 2320 Metern der Gletschersee, der auf manchen Karten noch keinen Namen trägt und auf älteren gar nicht vorkommt. Das Gewässer, das bisweilen arktisch anmutend Eisschollen trägt, ist bei aller Jugend von beachtlicher Grösse und wächst kontinuierlich. Seine überirdische Schönheit beruht auf dem Leid eines anderen. Der Palügletscher hat sich seit 1850 um fast zwei Kilometer zurückgezogen und dürfte in 30 Jahren verschwunden sein. Sein Schmelzwasser speist eine Serie prachtvoller Wasserfälle. Und es schuf besagten See, den es seit gut 15 Jahren gibt. Auf den Wanderwegweisern ist er unterdessen angeschrieben. Er heisst nach einem nahen Gipfel: Lagh da Caralin.

47.43143 9.46704

Die Schiessanlage von Rehetobel
(AR)

Nordwestlich von Rehetobel liegt im coupierten Appenzeller Hügelland der Weiler Robach samt der Wirtschaft Urwaldhaus. Nur schon der Name. Eigentlich heisst die Wirtschaft in dem Haus aus dem 16. Jahrhundert «Bären». Aber seit vor gut 60 Jahren die «Bären-Frieda» wirtete, die die Balken des Hauses

mit Urwaldbaumstämmen verglich und das passende Fantasieschild malen liess, dominiert der exotische Name. Hier gibt es eine Zimmerschützenanlage von neun Metern Länge. Im Appenzeller Vorderland, einer schneerreichen Gegend, haben hausinterne Schiesslokale Tradition, 1886 wurde der erste Verein gegründet. Die Idee war, die kalte Jahreszeit zu überbrücken, wenn die Schiessstände im Freien nicht zugänglich waren, und die Geselligkeit zu pflegen. Bisweilen ging es abenteuerlich zu und her. Zitat aus einer Geschichte des Vorderländer Schriftstellers Peter Eggenberger in Kurzenberger Dialekt. «*Wenn amel im Sääli inn gschosse worde-n-ischt, häd de Zaager vorn bi de Schiibe henderem Blatt vommene ommgleite Tisch gwartet, bis di aane gkhört hand mit Schüüsse.*»

47.37005 8.54413

Die Tafel am Zürcher Grossmünster (ZH)

Links vom Grossmünster-Haupteingang ist eine Tafel montiert, bräunliches Messing, Grossbuchstaben im Relief. Die Inschrift lautet: «In dankbarer Erinnerung an die Aufnahme von 30 von den Galeeren befreiten ungarischen protestantischen Predigern und ihren Aufenthalt in Zürich 1676–1677.» Unterschrift: «die ungarische Gemeinde in Zürich 1977».

Von den Galeeren befreit? Die Geschichte wäre Stoff für einen Film. Es geht um Widerstand und Tod, Verzweiflung und Rettung. Die Sache beginnt im habsburgisch dominierten Ungarn des 17. Jahrhunderts damit, dass im Widerstreit der Konfessionen die Katholiken in die Offensive gehen. Jesuiten und Franziskaner, die Berater von Kaiser Leopold I., signalisieren diesem: Wenn die protestantischen Pfarrer erst einmal aus dem Weg geräumt sind, wird das Volk einfach zum alten Glauben zurückzuführen sein.

1671 beginnt eine Phase der Repression, die man später «Dekade der Trauer» nennen wird. Ein Sondergericht entsteht, das schubweise protestantische Lehrer und Pfarrer vorlädt. Man klagt sie an wegen Hochverrats, Verleumdung der heiligen Kirche, Kooperation mit den Türken; jene sind damals der grosse Feind des Abendlandes. Den Verurteilten droht die Todesstrafe, wenn sie nicht eine von drei Bedingungen akzeptieren: Sie wandern aus. Sie geben ihren Beruf auf. Oder sie treten zum Katholizismus über.

1674 läuft ein solcher Prozess in Bratislava. Die folgenden Zahlen variieren je nach Quelle ein wenig: Einige 100 Leute müssen antreten. Um die 90 bleiben standhaft und werden zum Tod verurteilt. Die Strafe wird bald in Festungshaft umgewandelt und später, 1675, in Galeerensklaverei. Rund 40 der Protestanten werden nach Neapel geschafft, damals in spanisch-habsburgischer Hand. Einige sterben unterwegs, die anderen werden für 50 Goldstücke pro Person an Galeerenbesitzer verkauft. Paarweise kettet man sie fest, nun sind sie Rudersklaven.

Ihr Glück ist, dass Europa aufmerkt. Die protestantische Welt empört sich, Gesandte schalten sich ein, eine Geldsammlung läuft an. Schliesslich schafft es der holländische Admiral Michiel de Ruyter im Februar 1676, die geistlichen Ruderer freizukaufen. Ungefähr 30 leben noch. Psalmen sollen sie angestimmt haben beim Hören der guten Nachricht. De Ruyter, der sie nach Venedig eskortiert, schreibt: «Von all meinen Siegen hat mir keiner so viel Freude bereitet wie die Errettung dieser unschuldigen Diener Christi von ihrem unerträglichen Joch.»

Die Reise der Freigelasssenen führt über die Alpen nach Zürich, das sich am Freikauf beteiligt hat als eines der grossen Zentren der Reformation. In protestantischen Gegenden stehen die Menschen Spalier und versuchen, die Kleider der wundersam Erretteten zu berühren. Am Morgen des 9. Mai 1676 treffen diese in Zürich ein und werden in der Chorherrenstube neben dem Grossmünster, wo heute die Theologische Fakultät untergebracht ist, empfangen und verköstigt. Jeder Pfarrer der Stadt und einige

Professoren nehmen je zwei Ungarn auf. Etliche der Gäste bleiben zum vertieften Theologiestudium länger in der Stadt. Andere ziehen mit Reisegeld aus der Kirchenkollekte bald weiter.

Auf der Tafel am Zürcher Grossmünster ist auch eine Bibelstelle aufgeführt: 2. Kor. 4,9. Die Stelle lautet: «Wir leiden Verfolgung, aber wir werden nicht verlassen; wir werden unterdrückt, aber wir kommen nicht um.» (Siehe auch Eintrag «Der Explosionsstein von Zürich» Seite 234.)

47.40403 8.38451

Die Erdhäuser von Dietikon

(ZH)

Am Hang oberhalb des geschäftigen Limmattals gibt es in Dietikon auffällige Häuser: eine Reihe geometrischer, legosteinartiger Bungalows, eine Villa im Denver-Clan-Stil, ein in unserer Moderne gebautes Schloss, vor allem aber – an der Lättenstrasse – Erdhäuser. Wie «überdimensionierte Maulwurfshügel» sähen sie aus, schrieb der BEOBACHTER einmal und meinte das nicht negativ. Andere vergleichen die Erdhäuser mit den Häusern, in denen in Tolkiens Romanen die Hobbits leben: diese Rundungen, diese Absage an den rechten Winkel, diese darin ausgedrückte Mutter-Erde-Ethik, die alles Scharfe meidet:

Fötussehnsucht wird Architektur. Ein knappes Dutzend Häuser bilden ein Ganzes, alles ist gekurvt, rund und gemütlich selbst die Einfahrt in die unterirdische Garage, die dann doch nicht fehlen darf. Ersonnen und erstellt hat das Spritzbeton-Ensemble mit eigenem Feuchtbiotop der Architekt Peter Vetsch, der weltweit als Pionier dieser Gebäudeform gelten darf und mit bald 100 Einheiten wohl den Weltrekord im Erdhausbauen hält; er begann damit in den späten 1970er Jahren. Schön am Erdhaus ist, dass in ihm die Temperatur immer etwas über 20 Grad beträgt. Schwierig mag man es finden, dass, weil alles rund ist, Bilder kaum aufzuhängen sind. Und bei den Möbeln braucht es in der Regel Spezialanfertigungen. Billig ist diese Wohn- und Lebensform nicht. Aber apart.

47.36720 📍 7.99599

Der Bally-Park in Schönenwerd (SO)

1868/69 liess Carl Franz Bally im Schönenwerder Schachen zugunsten seiner neuen Fabrik ein Wasserkraftwerk anlegen samt einem aus der Aare gespiesenen Kanal. Auf der gleichen Fläche war Platz für eine Parkanlage. Zwei Jahrzehnte später erweiterte der Schuhfabrikant nach dem Kauf des Gretzenbacher

Schachens den Park massiv; dieser Teil ist weitgehend das, was wir Heutigen als Bally-Park geniessen. Sein Begründer hat sich ein Denkmal geschaffen, in dem sich Unternehmerstolz, Bürgersinn und pädagogischer Patriotismus ausdrücken. Vom Bahnhof Schönenwerd erreicht man den Park in zehn Minuten zu Fuss auf dem Aare-Uferweg flussaufwärts. Sozusagen das nordseitige Tor bildet ein quer zur Gehrichtung stehendes Riesengebäude, in dem heutzutage Events stattfinden, Hochzeiten etwa. Es handelt sich um das Kosthaus von 1919, eine soziale Einrichtung für die Fabrikarbeiter von einst. Nun ist man im Park, wundert sich und bewundert fortlaufend. Viel gefasstes Wasser ist da, der alte, später stillgelegte Industriekanal, aber auch ein paar Teiche und natürlich die nahe Aare. Dazwischen geschwungene Wege zum Flanieren und eine künstlich angelegte Grotte, quasi eine Lourdesgrotte ohne Lourdes. Eine Ecke des Parks ist verdunkelt durch hoheitliche Nadelbäume, Thujas und Eiben. Dazu kommen die Gebäude, gleich beim Kosthaus etwa ein Fruchtspeicher von 1588, der in Gränichen nicht mehr erwünscht war und eine neue Heimat fand. Ein leicht erhöht gelegener chinesischer Pavillon ist da auch, in dem man rastet und in Ruhe schaut. In einer Lagune steht ein verkleinertes Pfahlbauerdörfchen. Man sucht vergeblich nach einer Brücke, die Minisiedlung ist unzugänglich. Ballys Zeit war eine der intensiven Vaterlandsliebe, der Bundesstaat, dem die Zuwendung galt, noch jung. In den Pfahlbauern erblickten die Leute damals die wahren, die echten Frühschweizer. Helvetischen Geist. Vorfahren-Tüchtigkeit. Heutzutage staunt man eher unpolitisch und freut sich simpel über die Hütten auf ihren manierlich umzäunten Holzplattformen.

47.39136 8.05192

Der Meyerstollen in Aarau
(AG)

In Aaraus Untergrund existiert ein frühindustrielles Stollensystem von 1700 Metern Länge, einen Bruchteil kann man besichtigen. Regelmässig gibt es Termine, man findet sie auf www.meyerstollen.ch. Der Weg führt im Bahnhof Aarau ins dritte Untergeschoss. Ein luftschutzartiger Gang, schliesslich wieder eine Tür. Dahinter eine längliche, sparsam effektvoll beleuchtete Kaverne. Auf der linken Seite Infotafeln, auf der Rechten nacktes Gestein. An zwei Orten gehen von der Kaverne enge Stollen nach rechts ab: Der erste ist sehr kurz, der zweite lang. Man fasst einen Helm, tappt abwärts, duckt sich dabei, die Decke ist nah, es feuchtelt. Nun geht es eine kurze Zeit vorwärts.

Schliesslich ein Geländer, Ende der Wanderung. Die Infotafeln erzählen, wie es zum Stollensystem kam. Anlegen liess es der Industrielle Johann Rudolf Meyer Sohn ab 1791. Er wollte zum einen die Familienvilla entwässern (heute das katholische Pfarramt). Zum anderen verwendete er das Wasser aus dem Untergrund für die Seidenband-Herstellung. 1807 baute man ein Wasserrad ein, später eine Turbine. Gegen Ende des 19. Jahrhunderts wurde die Nutzung eingestellt. Dass die Stollen heutzutage für Publikum geöffnet sind, hat mit dem Neubau des Bahnhofs Aarau vor einiger Zeit zu tun. Einer der Stollen wurde dabei angeschnitten. Die SBB machten dies gut, indem sie Hand zur historischen und touristischen Erschliessung boten und das Stück Bahnhofuntergrund der Stadt abtraten.

47.29933 8.68679

Die Antonius-Kirche in Egg (ZH)

Egg, die Gemeinde zwischen Pfannenstiel und Greifensee, ist reformiert. Und doch ist es seine katholische Kirche, vor der man offenen Mundes steht – was ist das denn? Wie in Karelien fühlt man sich angesichts des 1921 entstandenen, später erweiterten Gotteshauses ganz aus Holz; St. Antonius ist ein kleines Architekturwunder. Seit 1926 der damalige Papst der Kirche eine Reliquie des heiligen Antonius von Padua überliess, hat sich Wallfahrtsverkehr entwickelt, was im Zwinglikanton eine Seltenheit ist. Jeden Dienstag kommen die Pilger zu Andacht und Messe, pro Jahr sind es einige tausend. Geschichten von Heilungen ranken sich um die Kirche, 1927 zum Beispiel soll ein Schlosser von der Blutvergiftung geheilt worden sein, nachdem er im Gebet Antonius anrief. Bisweilen wird Egg wegen seiner Kirche «Klein Padua» genannt.

46.85021 6.70214

Die Menhire von Corcelles-près-Concise (VD)

Am Neuenburgersee stehen bei Corcelles-près-Concise vier Menhire. Und zwei Kilometer weiter Richtung Neuenburg erstreckt sich oberhalb von Concise jenes Feld, auf dem die Eidgenossen 1476 in der Schlacht von Grandson Karl den Kühnen bodigten. Das Menhir-Viereck finden wir von Corcelles aus mit Hilfe eines Wegweisers leicht, das dauert eine Viertelstunde. Drei Granitsteine stammen aus der Jungsteinzeit, der vierte wurde 1840 als Ersatz für einen früher entfernten aufgestellt; ursprünglich waren es wohl sogar sechs Steine. Der Weg zum Schlachtfeld dauert hernach länger, eine gute halbe Stunde zu Fuss; beide Orte sind in der Landeskarte 1:25 000 (1183, «Grandson») eingezeichnet. Was sie miteinander zu tun haben? Nun, die Menschen vergangener Jahrhunderte meinten, das Steinviereck bezeichne den Ort, wo der anrückende Burgunderherzog Karl vor der Schlacht im Zelt lagerte.

47.38427 8.73952

Die Motte von Fehraltorf
(ZH)

«Motte» ist auf Französisch ein Erdklumpen. Von da kommt der deutsche Name für einen in der Regel künstlich angelegten Burghügel samt einer Burg obendrauf, die meist aus Holz gebaut ist. Eine solche Motte, auf der die Festung Rüti stand, passiert man 20 Gehminuten ausserhalb von Fehraltorf am Weg nach Freudwil. Die neuzeitliche Kurzdistanz-Schiessanlage der Sport- und Pistolenschützen Fehraltorf am Fuss der Motte kann man als dekorativ oder verschandelnd empfinden, beides geht. Grundsätzlich ist es das Schicksal solcher Holzburgen, dass sie, wenn nicht mehr unterhalten, schnell vermodern und verschwinden. Es gibt eine Luftaufnahme der Zürcher Kantonsarchäologie, die den erhaltenen, baumbestandenen Burghügel von acht Metern Höhe zeigt und darum herum kreisrunde Ringe, in denen sich das Wallsystem von einst verrät. Weniger gut sieht man die Ringe vom Boden aus. Auf dem Hügel stand innerhalb einer Palisade ein mehrgeschossiger Wohnturm, erschlossen durch eine Holztreppe, an deren Fuss wiederum wohl Scheunen und dergleichen sich gruppierten. Es gab vermutlich zwei Wälle, in deren Gräben man – die Umgebung war sumpfig – Wasser leitete. Wer die Holzburg Rüti baute und wer sie hielt, weiss man nicht. Die Archäologen gehen davon aus, dass sie im 10./11. Jahrhundert entstand und möglicherweise im 13. Jahrhundert verlassen wurde.

46.31756 7.63490

Das Beinhaus zu Leuk
(VS)

Die Stephanskirche in Leuk wurde 1514 vollendet. Aussen findet man südseitig unter dem Seitenschiff das Portal zum Beinhaus. Kunsthistoriker lieben in diesem die zwei Totentanzbilder. Auf dem einen haben ein paar Skelette ihren Spass daran, einen Trupp von Klerikern zu attackieren. Sie zerren an den geistlichen Kopfbedeckungen von Tiara bis Inful; der Pfarrer, der Bischof, der Kardinal, der Papst werden dran glauben müssen. Man spürt beim Betrachten, dass es der Künstler genoss, den frommen Herren ihre Gleichheit mit jedermann vor dem Tode zu demonstrieren. Dominiert wird der Raum durch eine Unmenge menschlicher Schädel und Oberschenkelknochen. Die zweimal gewinkelte Schädelwand ist gut 19 Meter lang, über zwei Meter hoch und bis zu zwei Meter tief. Der Pfarrer von Leuk, der eine kundige Schrift über das Beinhaus verfasst hat, hinter dessen Mauern 1982 bei einer Renovation kostbare Skulpturen entdeckt wurden, schliesst ebendiese Schrift mit einem Bibelzitat: «Des Menschen Tage sind wie Gras, er blüht wie die Blume des Feldes. Fährt der Wind darüber, ist sie dahin; der Ort, wo sie stand, weiss von ihr nichts mehr.»

47.31994 7.89888

Die «Aarewaage» bei Aarburg (AG)

In Aarburg stellt sich der Festungsfelsen des Städtchens frontal der Aare entgegen und zwingt sie zum 90-Grad-Knick. Und von der Seite münden zwei Bäche ein. Die Kombination von beidem erzeugt Wirbel, Gegenströmung, Druck, Treibgut wird bis zu 300 Meter wieder flussaufwärts getragen: Die Aare fliesst retour. Und der Wasserspiegel im Hafen sinkt und steigt in stetem Hin und Her. Das Naturphänomen heisst «Aarewaage» und wurde vor gut 20 Jahren ins Bundesinventar der Landschaften und Naturdenkmäler von nationaler Bedeutung aufgenommen.

46.94297 7.44890

Der Thron des Berner Schultheissen (BE)

Das Alte Bern war ein mächtiges Staatswesen. Der Schultheiss gebot über es. Im Bernischen Historischen Museum gibt es gleich zwei Schultheissenthrone zu besichtigen. Das ältere Modell, geschaffen 1735 von Johann Friedrich Funk I., ist opulenter, verspielter auch, ein royaler Stuhl mit Löwenköpfen auf den Lehnen und Löwentatzen als Füssen. Das jüngere Modell entstand 50 Jahre später aus der Hand von Funks Sohn. Dieser Stuhl ist nüchterner gehalten, gleisst gleichwohl in Gold. Auf der Rückenlehne eine Krone, darauf der Spruch «Freiheit und Gleichheit». Das hat natürlich nichts mit der Revolution zu tun, die wenige Jahre danach in Frankreich ausbrach und letztlich auch Berns Gnädige Herren stürzte. Sondern das Motto meint in diesem Fall die Privilegien des Adels. Die Throne von Bern führen anschaulich vor, dass in der Zeit vor Napoleons Ankunft und später der Schaffung des Bundesstaates die Eidgenossenschaft eine kleine Monarchie war respektive eine Ansammlung kleiner Monarchien. Notabene vermerkt im Museum ein Schild, dass es sich um äusserst rare Exponate handelt. Selten überlebten die Throne den Fall derjenigen, die auf ihnen sassen.

46.61747 📍 9.18054

St. Peter und Paul in Vals
(GR)

In Vals steht am Dorfplatz die Kirche St. Peter und Paul von 1643. Das Deckengemälde zeigt die Berufung Petri am See Genezareth. Doch der Berg im Hintergrund ist ein Stück Graubünden: In die biblische Szenerie hat der Meistermaler das Zervreilahorn geschmuggelt, den markantesten Berg der Gegend, «Matterhorn der Bündner» genannt.

46.20173 📍 6.14684

Das Magnin-Relief in Genf
(GE)

Auguste Magnin, 1841 bis 1903, Architekt. Als Kind durchstreift er das befestigte Genf. Ein mittelalterliches Lebensgefühl waltet in den Mauern, die 1850 geschliffen werden. Als Erwachsener wird sich Magnin daranmachen, ein Abbild der nahen Vergangenheit zu entwerfen und die Stadt in ihren entschwundenen Bastionen zu zeigen. 18 Jahre wendet er für sein

Relief auf, das erstmals an der Landesausstellung in Genf 1896 gezeigt wird. Fünfeinhalb auf sieben Meter misst es und wiegt 800 Kilo, die Häuser sind aus Zink gefertigt und die Dächer aus Kupfer. Und alles ist, obwohl entstanden in GPS-loser Zeit, von ungeheuerlicher Genauigkeit, so dass Stadtplaner und Historiker das Modell bis heute zu Rate ziehen. Sehen kann man dieses grösste historische Relief der Schweiz im Dachstock der Maison Tavel; das Haus in der Genfer Altstadt ist quasi ein Museum seiner selbst und dokumentiert gleichzeitig die Geschichte der Stadt. Aus dem 14. Jahrhundert stammend, ist es Genfs ältestes erhaltenes Wohnhaus.

47.37009 8.54473

Der Explosionsstein von Zürich
(ZH)

10. Juni 1652, 18 Uhr. Ein Gewitter zieht auf über Zürich. Plötzlich ein furchtbares Krachen – der Blitz hat in den Geissturm eingeschlagen. In jenem 35 Meter hohen Gemäuer in der Winkelwiese lagert man das Pulver und die Munition der Stadtzünfte für die Kanonen. Es sollen über 400 Zentner Schwarzpulver gewesen sein. Die Explosion vernichtet den Geissturm und mit ihm gut 100 Meter der Stadtmauer. Es hagelt Steine über die Stadt, einige werden über den

See nach Wollishofen geschleudert. Sieben Menschen sterben. Handkehrum sind wundersame Rettungen bezeugt, so bleibt ein Kindlein verschont, derweil seine Wiege zertrümmert wird. An die Katastrophe erinnert heute der 1800 Kilo schwere, rötliche Stein an der einen, der Kirchgasse zugewandten Ecke des Grossmünsters. Er war Teil der Geissturm-Mauer und flog über 230 Meter weit.

47.39567 8.20377

Der Stundenstein bei Othmarsingen (AG)

«Othmarsingen, Militärbetriebe» heisst die Bushaltestelle im Niemandsland von Bahn, Strasse und Armeegelände. Geht man auf dem Trottoir etwas Richtung Othmarsingen, sieht man zur Linken gleich einen Grabstein. Wenigstens sieht er so aus; in Wahrheit handelt es sich um einen Stundenstein aus dem Ancien Régime. 18. Jahrhundert. «XVI Stund von Bern» steht auf dem Stein, Mittelpunkt des kleinen Grossreiches der Gnädigen Herren zu Bern war damals der Zytgloggeturm, von dem aus man die Distanzen mass. Das Wegmass «Stunde» war genau definiert: eine Berner Wegstunde entsprach 5,278 Kilometern. 1838 passte man sich an das Pariser Mass an, nun entsprach die Stunde 4,8 Kilometern.

46.81264 9.31978

Der Mauersegler bei Flims (GR)

Vor allen Fakten sind es die Bilder, die bleiben. Diese Plattform über dem Leeren, links und rechts spitz zulaufend; wer sich in eine der Ecken zwängt, ist auf einen Schlag ganz allein mit dem Abgrund. Hunderte Meter tief stürzt der Blick. Unten zieht edel graublau, von Kiesbänken flankiert, der Vorderrhein seine Engschleifen. Bewaldete Steilhänge flankieren ihn, in denen weisse Felswunden klaffen, staubig, geröllig und mancherorts durchsetzt von Klippen und Pfeilern. Man spürt es, man weiss es instinktiv, dass dies eine der schönsten Landschaften ist, die es geben kann. Die Aussichtsterrasse dient dem Erlebnis zu, sie macht die Sicht erst perfekt, sie ist das Erlebnis-erlebnis.

Von Flims Post spaziert man gemütlich in einer Stunde hin, es geht meist leicht abwärts, man folge einfach den Wegweisern nach Conn. Die Plattform ist eine elegante Konstruktion. Sie wird hauptsächlich getragen von zwei Stahlpylonen, die direkt an der Kante zum Nichts verankert sind, gegen oben zusammenlaufen und sich dabei ein wenig in die Schlucht neigen. Starke Zugseile sorgen für die Rückverankerung. Wenn man die Treppe zur Plattform betritt, sieht diese aus wie ein Vogel, der die Schwingen ausgebreitet hat. «Il Spir» heisst sie, rätoromanisch für «Der Mauersegler». Erdacht hat das Ding die Churer Architektin Corinna Menn. Und was die Schlucht angeht: Ihr Name lautet «Ruinaulta», sie zieht sich über viele Kilometer. Einst vor vielleicht 10 000 Jahren verschüttete ein Bergsturz den Vorderrhein. Sägend, fräsend, schleifend schuf er sich darauf in unbeirrter Arbeit ein neues Bett – er hat die Ruinaulta ausgefressen.

45.90459 8.97090

Die Taufkapelle von Riva San Vitale (TI)

Die Taufkapelle San Giovanni Battista steht in Riva San Vitale, einem Dorf an der einen Südspitze des Luganersees – sie ist der älteste intakte christliche Kultbau der Schweiz. Entstanden ist sie ums Jahr 500. Wir berühren also die endende Antike, wenn wir das mächtige runde Sandsteinbecken im Innern anlangen. Wirklich? Unfug! Das ursprüngliche Taufbecken ist unter dem erwähnten Becken sichtbar, ein achteckiges, in den Kirchenboden eingelassenes Bassin von mehr als zwei Metern Durchmesser und über einem halben Meter Tiefe. Damals im frühen Christentum taufte man Erwachsene. Und zwar, in-

dem man sie ganz untertauchte, die sogenannte Submersionstaufe. Das Becken darüber stammt aus dem 9. Jahrhundert. Getauft wurden in ihm Kinder, die man eintauchte, die Immersionstaufe. Die heutige Art der Taufe ist in der Kapelle ebenfalls gegenwärtig in Form eines Taufsteins aus Marmor; in unserer Gegenwart wird etwas geweihtes Wasser auf die Stirn des Taufkindes gegossen, die Infusionstaufe. Dieses Battistero, in einem viertelstündigen Fussmarsch vom Bahnhof Capolago-Riva San Vitale erreichbar, ist in jeder Beziehung ein Schauspiel und ein Fest. Da sind die Fresken in den Ecknischen des quadratischen Basisbaus, die von byzantinischem Einfluss künden; eines zeigt Christus als Weltenrichter. Da sind auf der Westwand in einiger Höhe vorkragende Steine, die einst ein Dach tragen halfen, unter dem Prozessionsteilnehmer geschützt vor dem Regen um die Kapelle wandeln konnten. Da ist der Bau als Ganzes, der an die Thermen der alten Römer erinnert, ein profanes Vorbild der christlichen Sakralarchitektur. Vor allem aber sind es die drei Taufeinrichtungen, die faszinieren. Sie führen vor, wie das zentrale christliche Ritual der Taufe durch die Zeit immer stärker Symbolcharakter annahm und abstrakter wurde, weg vom realen Reinigungsbad und hin zur sinnbildlichen Geste, die das Bad andeutet.

46.21640 6.14718

Genfs Kugelkirche

(GE)

Heilige Kugel! Mit dem kaminartigen Aufsatz samt Kreuz sieht sie aus wie ein überdimensionierter Reichsapfel des Mittelalters. Oder, um respektlose Gemüter zu zitieren, wie eine Eierhandgranate. Die Kirche Sainte-Trinité steht 15 Gehminuten entfernt vom Genfer Hauptbahnhof Cornavin an einer Strassenecke des Pâquis-Quartiers, geht auf den Architekten Ugo Brunoni zurück und ist mittlerweile etwas über 20 Jahre alt. 20 Meter Durchmesser, rosa Granit, Bullaugen, ein Wasserbecken, in das ihr Unterteil eingetunkt ist: Sicher ist das eine der originellsten Kirchen des Landes. Eine Kugel als Antwort auf die UNO-Stadt, in der fast alles eckig und rechtwinklig ist.

46.99869 9.55794

Mittelerde in Jenins

(GR)

Jenins, das Weindörflein in der Bündner Herrschaft. Der Weg des Besuchers führt zu einem Anwesen an einer Strasse namens «Verduonig». Ein Garten mit Blick auf Reben und Rhein, eine runde Tür aus grünen, senkrecht laufenden Holzplanken. Die Führerin erscheint, begrüsst alle im Greisinger Museum, öffnet die Tür. Dahinter liegt Mittelerde, jene fiktive Welt, die der britische Philologe J. R. R. Tolkien, 1892 bis 1973, ersann samt allem Drum und Dran von Sprachen über Völker bis Geografie. Das Museum rühmt sich, weltweit das einzige Mittelerde-Museum zu sein. Die Sammlung, ausgestellt in einer Folge zum Teil unterirdischer Räume, hält die Gruppe mehr als zwei Stunden in Bewegung. Gründer Bernd Greisinger, ein ausgestiegener Fondsmanager, verwendete sein Geld dafür, in wenigen Jahren überall auf der Welt Tolkien-Objekte zu kaufen. In Bad Ragaz stapelten sich in einer Lagerhalle 400 Kisten. 2008 begann Greisinger in seinem neuen Lebensort Jenins mit dem Bau einer Villa am Hang mit integriertem Museum, fünf Jahre später wurde dieses eröffnet. Zur Kollektion gehören um die 600 Gemälde und Zeichnungen. Karten, Filmrollen, Kostüme, Requisiten und überlebensgrosse Reproduktionen aller möglicher Fabelwesen. Sowie 3500 Bücher, darunter signierte Erstausgaben Tolkiens, der Erzählungen wie *Der Herr der Ringe* und *Der Hobbit* schrieb und praktisch im Alleingang das moderne Fantasy-Genre erfunden hat. Nein, langweilig wird einem auf dieser Führung nicht! Am Ende tritt Greisinger selber auf in einer fellbesetzten Winterkrieger-Montur. Von der Leinwand des hauseigenen Kinos grüsst er, erzählt von der Entstehung des Museums und stellt die beteiligten Künstler vor. Nach einem Umtrunk an der Besucherbar heisst es «Adieu Mittelerde», es geht retour in die sogenannte Realität.

47.47258 8.04942

Die Kirchenburg Herznach
(AG)

Herznach ist ein reizend in sein Tal eingepasstes Dorf, im Ortsnamen verbirgt sich ein einstiger Gutsbesitzer namens Artinius. Die St. Niklaus-Kirche, Hort hochstehender Kunst und Baudenkmal von nationaler Bedeutung, gilt als Rarität: Sie ist samt Beinhaus und Kapelle von einer hohen Mauer umstanden. In Zeiten der Bedrohung flohen die Leute aufs Kirchenareal – man nennt eine solche ebenso spirituelle wie trutzige Einrichtung Kirchenburg.

46.98792 8.67004

Die weltweit steilste Standseilbahn
(SZ)

Gegen den Schluss dieses Buches ein Wunder, das es noch nicht gibt, das aber bald kommt. 2016 soll die neue Standseilbahn auf das Schwyzer Berg- und Feriendörfchen Stoos eröffnet werden. Sie wird, so die Betreiber, mit bis zu 110 Prozent Steigung die steilste Standseilbahn der Welt sein. Und doch werden die Fahrgäste stets auf waagrechtem Boden stehen können. Walzenförmige Kabinenabteile machen es möglich, die sich je nach Steigung leicht drehen. Man wird mit der neuen Bahn fahren müssen.

47.63202 8.80134

Oberstammheims Riegelbauwelt (ZH)

Das Stammertal, dem Zürcher Weinland zugehörig, ist ein Garten. Und ein Ballenberg. In Unterstammheim haben sie das «Girsbergerhaus», es gilt als ältestes ländliches Fachwerkhaus im Land. Oberstammheim wiederum hat die Galluskapelle. Sie oder ihre Vorgängerin taucht in den Urkunden bereits 897 auf und ist im Inneren bemalt mit Fresken vom Anfang des 14. Jahrhunderts. Bibelszenen. Mindestens ebenso stolz dürfen die Oberstammer auf ihren national geschützten Weiler an der Steigstrasse sein. Harmonisch gruppieren sich die Fachwerkbauten um ihr natürliches Zentrum, den «Hirschen», einen Landsitz von 1684, später und bis heute eine Wirtschaft. Man stelle sich am Brunnen hin und schaue die Steigstrasse hinauf. Blendet man parkierte Motorräder und dergleichen Modernheiten aus, purzelt man in die Zeit, als es Landvögte gab; fährt jetzt gleich eine Kutsche vor? Am Hirschen erkennt man hübsch eine Stildifferenz. Am später angebauten Erker sind die Balken nicht streng gerade, sondern wellen sich – Verspieltheit des Rokoko. Hat man sich sattgesehen, kann man sich sattessen; der Hirschen, ausgestattet mit altehrwürdigen Öfen und Renaissance-Türen, bringt das Kunststück zustande, ein volkstümliches Gault-Millau-Lokal zu sein. In Oberstammheim hockt übrigens sogar die Polizei in einem Riegelbau. Man kann sich in diesem Land immer wieder neu wundern.

Index nach Orten

Im Ortsindex ist jedes Schweizer Wunder einer von acht Grossregionen zugeordnet.

Aargau und Zürich

Der Bachtelspalt im Zürcher Oberland, ZH — 22
Der Mittelalterglobi von Kappel am Albis, ZH — 35
Die Kanonenkugel von Andelfingen, ZH — 50
Die dreieckige Kirche von Greifensee, ZH — 51
Die Täuferhöhle bei Bäretswil, ZH — 55
Der Elefant im Stöckenbach, ZH — 57
Die schwarze Madonna von Uetikon, ZH — 61
Das Ritterhaus zu Bubikon, ZH — 67
Der Kawamata-Steg in Uster, ZH — 72
Das Kloster Rheinau, ZH — 91
Die Bahnhofsuhr von Aarau, AG — 98
Herrlibergs Blüemlisalp, ZH — 101
Das «Runway 34» in Glattbrugg, ZH — 106
Die Glasmalereien im Kloster Muri, AG — 114
Das Eibenwunder vom Albis, ZH — 118
Die Linde von Kaltenstein, ZH — 125
Linn und seine Linde, AG — 126
Die Villa Dem Schönen in Zürich, ZH — 132
Das Wartehäuschen bei der Emmat, ZH — 135

Der Grabstein von Schloss Hallwyl, AG — 138
Das Strohdachhaus von Hüttikon, ZH — 146
Der Erdmannlistein bei Wohlen, AG — 148
Die Glocke im Flughafen Zürich, ZH — 172
Zürichs «Fallender Brunnenhof», ZH — 177
Der Plateosaurus von Frick, AG — 191
Verenas Sarkophag in Bad Zurzach, AG — 193
Helvetia und Merkur in Uster, ZH — 195
Bruno Webers Park im Limmattal, ZH/AG — 202
Kürbisland in Seegräben, ZH — 210
Die Tafel am Zürcher Grossmünster, ZH — 218
Die Erdhäuser von Dietikon, ZH — 221
Der Meyerstollen in Aarau, AG — 224
Die Antonius-Kirche in Egg, ZH — 225
Die Motte von Fehraltorf, ZH — 227
Die «Aarewaage» bei Aarburg, AG — 229
Der Explosionsstein von Zürich, ZH — 234
Der Stundenstein bei Othmarsingen, AG — 235
Die Kirchenburg Herznach, AG — 243
Oberstammheims Riegelbauwelt, ZH — 244

Benachbartes Ausland

Rottweil, Schweiz in Deutschland, D — 52
Basels lange Tramlinie, BL/BS/SO/F — 125
Der Aachtopf in Aach, D — 145

Die Scala del Paradiso bei Chiasso, I — 200
Grenzenloser Bodensee, CH/D — 203

Bern und Freiburg

Die Magdalena-Einsiedelei nah Düdingen, FR — 11
Die abgeschnittene Hand von Greyerz, FR — 14
Die Stimme vom Berner Münster, BE — 19
Vermessungspräzision in Walperswil, BE — 31
Moderne Höhlenbewohner in Krauchthal, BE — 34
Frutigens Tropenhaus, BE — 49
Der Dolmen auf dem Kirchhof Oberbipp, BE — 75
Nouthra Dona di Maortsè in Broc, FR — 79
Der Freiburger Fegefeuernachlass, FR — 81
Das Hotel Giessbach am Brienzersee, BE — 92
Die Hängebrücke von Sigriswil, BE — 99
Das Siechenhaus von Burgdorf, BE — 113
Die Findlinge von Steinenberg / Steinhof, BE/SO — 120
Der Freistein von Attiswil, BE — 127
Der Elefant von Murten, FR — 136
Der Kehrtunnel von Isenfluh, BE — 159
Die Krater im Neuenburgersee, NE/VD/FR/BE — 161
Krauchthals Sandstein-Kathedrale, BE — 165
Der Adler auf der Kirche von Meiringen, BE — 172
Die Eisfischer auf dem Oeschinensee, BE — 178
Das Hegenloch im Emmental, BE — 185

Der Kiosk auf dem Morgetenpass, BE — 187
Diebold von Erlach, BE — 207
Der Thron des Berner Schultheissen, BE — 230

Graubünden und Tessin

Die Doppelwelle im Verzascatal, TI — 28
Die Rohanschanze bei Landquart, GR — 32
Der Uristier bei Negrentino, TI — 51
Der Tremorgiosee über Rodi, TI — 66
Mario Bottas Kirche in Mogno, TI — 73
Geogene Meromixis im Lago di Cadagno, TI — 76
Samnaun spricht Bairisch, GR — 79
Die Steine von Crap Carschenna, GR — 87
Die Tremola über Airolo, TI — 108
Die Treppe von Flims, GR — 122
Die Esche von Peist, GR — 177
Die Lüéra von Ganne, TI — 188
Die Crot im Puschlav, GR — 189
Der Sonnengott von Falera, GR — 206
Das Sennentuntschi von Cauco, GR — 208
Der Caralin-See unter dem Palügletscher, GR — 214
St. Peter und Paul in Vals, GR — 231
Der Mauersegler bei Flims, GR — 236
Die Taufkapelle von Riva San Vitale, TI — 237
Mittelerde in Jenins, GR — 241

Jurabogen, Basel und Schaffhausen

Der Tierfriedhof von Läufelfingen, BL — 29
Solothurns Verenaschlucht, SO — 42
Die Karrengeleise unterhalb Sainte-Croix, VD — 58
Die unterirdischen Mühlen bei Le Locle, NE — 69
Die Arche Noah von Vicques, JU — 80
Die Alp Babental bei Schleitheim, SH — 98
Moskau in Ramsen, SH — 109
Die Wappen beim Chessiloch, BL — 112
Die Findlinge von Steinenberg / Steinhof, BE/SO — 120
Basels lange Tramlinie, BL/BS/SO/F — 125
Der Skulpturenpark von Langenbruck, BL — 143
Die Dinosaurierspuren von Lommiswil, SO — 149
Die Dinosaurierspuren von La Heutte, BE — 152
Auf dem Rücken in Riehen, BS — 160
Die Krater im Neuenburgersee, NE/VD/FR/BE — 161
Der Creux-du-Van über Noiraigue, NE — 166
Das Globularhaus in Trasadingen, SH — 167
Hudibras – ein mysteriöser Name, SO — 170
Das Schleitheimer Bekenntnis, SH — 182
Der Jürgensen-Turm über Les Brenets, NE — 187
Der Stalagmit von Réclère, JU — 190
Die Kamele von der Bergmatten, SO — 211
Die Hühnerguillotine von Sissach, BL — 213
Der Bally-Park in Schönenwerd, SO — 222

Ostschweiz mit Glarus

Die Kärpfbrücke auf der Mettmenalp, GL — 23
Das Schneeloch auf Oberchäseren, SG — 23
Das Selunbähnli bei Starkenbach, SG — 30
Der Türkenprinz von Obstalden, GL — 41
Der Toggenburger Arsch, SG — 45
Der Berglistüber über Linthal, GL — 68
Wortwunder Sernf, GL — 78
Scherrers Höhle über dem Neckertal, SG — 88
Das Kirchlein St. Georg über Berschis, SG — 95
Das Kopfwehloch von St. Georg, SG — 101
Die Schwimminseln auf dem Barchetsee, TG — 103
Das personallose Hotel von Waldkirch, SG — 109
Die «Mühle» der Oertles in Hundwil, AR — 115
Das Ofenloch, unser Grand Canyon, SG — 123
Hatschepsut in der Schweiz – das Paxmal, SG — 138
Die sprechende Brücke von Hundwil, AR — 139
Die Wasserfälle von Batöni, SG — 147
Das Martinsloch über Elm, GL/GR — 153
Die Pantenbrücke – eine Verdoppelung, GL — 157
Die St. Galler Ringbahn, SG — 158
Der Softeis-Automat auf dem Strichboden, SG — 164
Baumkunst in Degersheim, SG — 164
Das Gotteshäuschen in der Thur, SG — 170
Die Schiessanlage von Rehetobel, AR — 215

Romandie und Wallis

Die Erdpyramiden von Euseigne, VS — 13
Der erste Lächler im Laténium, NE — 26
Pilot Nr. 1 in Vallamand-Dessus, VD — 35
Die Feengrotte von Saint-Maurice, VS — 37
Der Panoramagalgen von Ernen, VS — 54
Die brutalistische Kirche von Hérémence, VS — 62
Gilihüsine auf der Bettmeralp, VS — 63
Der unterirdische See von Saint-Léonard, VS — 82
Die Staumauer Grande Dixence, VS — 83
Das Alignement von Clendy bei Yverdon, VD — 93
«Grimselblick» im Winter, VS — 96
Der Massaweg nah Blatten, VS — 107
Der Canal d'Entreroches bei Eclépens, VD — 129
Die Pierre Pouilleuse von La Praz, VD — 135
Das Hotel Weisshorn im Val d'Anniviers, VS — 144
Die Postautofahrt nach Derborence, VS — 162
Der Hockenhorngrat, VS — 179
Die Venogequelle in L'Isle, VD — 179
Das Schloss von L'Isle, VD — 186
Das Grenzhotel von La Cure, VD — 192
Die Menhire von Corcelles-près-Concise, VD — 226
Das Beinhaus zu Leuk, VS — 228
Das Magnin-Relief in Genf, GE — 231
Genfs Kugelkirche, GE — 241

Zentralschweiz

Das Pyramidli vom Napf, LU — 18
Der Unglückspilot vom Ägerisee, ZG — 36
Die Bärentatzen von Isenthal, UR — 41
Der Bierkeller am Lauerzersee, SZ — 44
Agatha und das Nippelbrötchen, ZG — 48
Der Pranger von Sursee, LU — 53
Der lawinensichere Urschner Galgen, UR — 54
Sankt Kumera in Tuggen, SZ — 71
Der Muotitaler Alpchäsmärcht, SZ — 74
Das Felsentor auf der Rigi, LU — 100
Der Rosoli von Einsiedeln, SZ — 102
Chams namenloser Bischof, ZG — 119
Der Polenweg oberhalb Alpnach, OW — 128
Die Höllgrotten nah Baar, ZG — 133
Der Schwybogen am Vierwaldstättersee, UR — 134
Sonnenaufgang auf der Rigi, SZ — 137
Der See von Tuggen, SZ — 156
Die Tramhaltestelle bei Finsterwald, LU — 160
Der Todesschütze von Hergiswald, LU — 171
Die Tabakscheunen des Pfaffnerntals, LU — 173
Die Mammutzähne aus Eschenbach, LU — 194
Die «Waldkathedrale» Beromünster, LU — 198
Der Tresor von Sursee, LU — 212
Die weltweit steilste Standseilbahn, SZ — 243

Index nach Themen

Im Themenindex sind die Schweizer Wunder nach ihrer Art geordnet. Er soll dabei helfen, an einem bestimmten Tag ein bestimmtes Wunder für einen Besuch zu wählen.

Bauwerke

Die Magdalena-Einsiedelei nah Düdingen, FR — 11
Die Doppelwelle im Verzascatal, TI — 28
Der Bierkeller am Lauerzersee, SZ — 44
Frutigens Tropenhaus, BE — 49
Der Pranger von Sursee, LU — 53
Die unterirdischen Mühlen bei Le Locle, NE — 69
Der Kawamata-Steg in Uster, ZH — 72
Die Arche Noah von Vicques, JU — 80
Die Staumauer Grande Dixence, VS — 83
Das Hotel Giessbach am Brienzersee, BE — 92
«Grimselblick» im Winter, VS — 96
Die Hängebrücke von Sigriswil, BE — 99
Die Tremola über Airolo, TI — 108
Das Siechenhaus von Burgdorf, BE — 113
Die Treppe von Flims, GR — 122
Der Canal d'Entreroches bei Eclépens, VD — 129
Der Polenweg oberhalb Alpnach, OW — 128

Hatschepsut in der Schweiz – das Paxmal, SG — 138
Das Hotel Weisshorn im Val d'Anniviers, VS — 144
Das Strohdachhaus von Hüttikon, ZH — 146
Das Globularhaus in Trasadingen, SH — 167
Die Tabakscheunen des Pfaffnerntals, LU — 173
Die Crot im Puschlav, GR — 189
Die «Waldkathedrale» Beromünster, LU — 198
Die Scala del Paradiso bei Chiasso, I — 200
Der Bally-Park in Schönenwerd, SO — 222
Der Meyerstollen in Aarau, AG — 224
Die Motte von Fehraltorf, ZH — 227
Das Beinhaus zu Leuk, VS — 228
Der Mauersegler bei Flims, GR — 236
Oberstammheims Riegelbauwelt, ZH — 244

Familienausflüge

Die Magdalena-Einsiedelei nah Düdingen, FR — 11
Die Erdpyramiden von Euseigne, VS — 13
Die abgeschnittene Hand von Greyerz, FR — 14
Der Bachtelspalt im Zürcher Oberland, ZH — 22
Der erste Lächler im Laténium, NE — 26
Frutigens Tropenhaus, BE — 49
Die Täuferhöhle bei Bäretswil, ZH — 55
Der Elefant im Stöckenbach, ZH — 57
Die Karrengeleise unterhalb Sainte-Croix, VD — 58

Das Ritterhaus zu Bubikon, ZH — 67
Der Berglistüber über Linthal, GL — 68
Die unterirdischen Mühlen bei Le Locle, NE — 69
Die Arche Noah von Vicques, JU — 80
Der unterirdische See von Saint-Léonard, VS — 82
Die Staumauer Grande Dixence, VS — 83
Das Alignement von Clendy bei Yverdon, VD — 93
Das Kirchlein St. Georg über Berschis, SG — 95
Die Hängebrücke von Sigriswil, BE — 99
Die Wappen beim Chessiloch, BL — 112
Die Glasmalereien im Kloster Muri, AG — 114
Die Höllgrotten nah Baar, ZG — 133
Der Skulpturenpark von Langenbruck, BL — 143
Der Erdmannlistein bei Wohlen, AG — 148
Die Dinosaurierspuren von Lommiswil, SO — 149
Die Postautofahrt nach Derborence, VS — 162
Krauchthals Sandstein-Kathedrale, BE — 165
Die Eisfischer auf dem Oeschinensee, BE — 178
Der Stalagmit von Réclère, JU — 190
Bruno Webers Park im Limmattal, ZH/AG — 202
Der Sonnengott von Falera, GR — 206
Kürbisland in Seegräben, ZH — 210
Die Kamele von der Bergmatten, SO — 211
Der Bally-Park in Schönenwerd, SO — 222
Der Mauersegler bei Flims, GR — 236
Mittelerde in Jenins, GR — 241

Geschichte

Vermessungspräzision in Walperswil, BE — 31
Die Rohanschanze bei Landquart, GR — 32
Die Kanonenkugel von Andelfingen, ZH — 50
Rottweil, Schweiz in Deutschland, D — 52
Die Täuferhöhle bei Bäretswil, ZH — 55
Die Karrengeleise unterhalb Sainte-Croix, VD — 58
Das Ritterhaus zu Bubikon, ZH — 67
Die Wappen beim Chessiloch, BL — 112
Das Schleitheimer Bekenntnis, SH — 182
Das Hegenloch im Emmental, BE — 185
Die Tafel am Zürcher Grossmünster, ZH — 218
Der Thron des Berner Schultheissen, BE — 230
Der Stundenstein bei Othmarsingen, AG — 235

Kirchen, Klöster und Heilige

Der Mittelalterglobi von Kappel am Albis, ZH — 35
Agatha und das Nippelbrötchen, ZG — 48
Die dreieckige Kirche von Greifensee, ZH — 51
Der Uristier bei Negrentino, TI — 51
Die schwarze Madonna von Uetikon, ZH — 61
Die brutalistische Kirche von Hérémence, VS — 62
Sankt Kumera in Tuggen, SZ — 71
Mario Bottas Kirche in Mogno, TI — 73

Der Freiburger Fegefeuernachlass, FR — 81
Das Kloster Rheinau, ZH — 91
Das Kirchlein St. Georg über Berschis, SG — 95
Das Kopfwehloch von St. Georg, SG — 101
Die Glasmalereien im Kloster Muri, AG — 114
Chams namenloser Bischof, ZG — 119
Das Gotteshäuschen in der Thur, SG — 170
Der Todesschütze von Hergiswald, LU — 171
Der Adler auf der Kirche von Meiringen, BE — 172
Die Glocke im Flughafen Zürich, ZH — 172
Die Geköpften von Berg Sion, SG — 176
Verenas Sarkophag in Bad Zurzach, AG — 193
Der Tresor von Sursee, LU — 212
Die Antonius-Kirche in Egg, ZH — 225
St. Peter und Paul in Vals, GR — 231
Die Taufkapelle von Riva San Vitale, TI — 237
Genfs Kugelkirche, GE — 241
Die Kirchenburg Herznach, AG — 243

Kurioses und Spezielles

Die abgeschnittene Hand von Greyerz, FR — 14
Das Schneeloch auf Oberchäseren, SG — 23
Der Tierfriedhof von Läufelfingen, BL — 29
Das Selunbähnli bei Starkenbach, SG — 30
Die Bärentatzen von Isenthal, UR — 41

Der Panoramagalgen von Ernen, VS — 54
Der lawinensichere Urschner Galgen, UR — 54
Der Elefant im Stöckenbach, ZH — 57
Gilihüsine auf der Bettmeralp, VS — 63
Die Bahnhofsuhr von Aarau, AG — 98
Die Alp Babental bei Schleitheim, SH — 98
Herrlibergs Blüemlisalp, ZH — 101
Der Rosoli von Einsiedeln, SZ — 102
Das «Runway 34» in Glattbrugg, ZH — 106
Das personallose Hotel von Waldkirch, SG — 109
Moskau in Ramsen, SH — 109
Basels lange Tramlinie, BL/BS/SO/F — 125
Der Elefant von Murten, FR — 136
Der See von Tuggen, SZ — 156
Die St. Galler Ringbahn, SG — 158
Die Tramhaltestelle bei Finsterwald, LU — 160
Die Krater im Neuenburgersee, NE/VD/FR/BE — 161
Der Softeis-Automat auf dem Strichboden, SG — 164
Der Hockenhorngrat, VS — 179
Der Kiosk auf dem Morgetenpass, BE — 187
Die Lüéra von Ganne, TI — 188
Helvetia und Merkur in Uster, ZH — 195
Grenzenloser Bodensee, CH/D — 203
Das Sennentuntschi von Cauco, GR — 208
Die Kamele von der Bergmatten, SO — 211
Die Hühnerguillotine von Sissach, BL — 213

Die Schiessanlage von Rehetobel, AR — 215
Der Explosionsstein von Zürich, ZH — 234
Die weltweit steilste Standseilbahn, SZ — 243

Menschen

Die Stimme vom Berner Münster, BE — 19
Moderne Höhlenbewohner in Krauchthal, BE — 34
Pilot Nr. 1 in Vallamand-Dessus, VD — 35
Der Unglückspilot vom Ägerisee, ZG — 36
Der Türkenprinz von Obstalden, GL — 41
Der Muotitaler Alpchäsmärcht, SZ — 74
Scherrers Höhle über dem Neckertal, SG — 88
Die «Mühle» der Oertles in Hundwil, AR — 115
Der Schwybogen am Vierwaldstättersee, UR — 134
Das Wartehäuschen bei der Emmat, ZH — 135
Der Skulpturenpark von Langenbruck, BL — 143
Der Kehrtunnel von Isenfluh, BE — 159
Die Postautofahrt nach Derborence, VS — 162
Baumkunst in Degersheim, SG — 164
Hudibras – ein mysteriöser Name, SO — 170
Die Eisfischer auf dem Oeschinensee, BE — 178
Das Schloss von L'Isle, VD — 186
Der Jürgensen-Turm über Les Brenets, NE — 187
Das Grenzhotel von La Cure, VD — 192
Bruno Webers Park im Limmattal, ZH/AG — 202

Diebold von Erlach, BE — 207
Kürbisland in Seegräben, ZH — 210
Das Magnin-Relief in Genf, GE — 231
Mittelerde in Jenins, GR — 241

Natur

Die Erdpyramiden von Euseigne, VS — 13
Das Pyramidli vom Napf, LU — 18
Der Bachtelspalt im Zürcher Oberland, ZH — 22
Die Kärpfbrücke auf der Mettmenalp, GL — 23
Die Feengrotte von Saint-Maurice, VS — 37
Solothurns Verenaschlucht, SO — 42
Der Tremorgiosee über Rodi, TI — 66
Der Berglistüber über Linthal, GL — 68
Geogene Meromixis im Lago di Cadagno, TI — 76
Der Charakterberg Spitzmeilen, GL/SG — 77
Der unterirdische See von Saint-Léonard, VS — 82
Das Felsentor auf der Rigi, LU — 100
Die Schwimminseln auf dem Barchetsee, TG — 103
Der Massaweg nah Blatten, VS — 107
Das Eibenwunder vom Albis, ZH — 118
Die Findlinge von Steinenberg / Steinhof, BE/SO — 120
Das Ofenloch, unser Grand Canyon, SG — 123
Die Linde von Kaltenstein, ZH — 125
Linn und seine Linde, AG — 126

Die Höllgrotten nah Baar, ZG — 133
Sonnenaufgang auf der Rigi, SZ — 137
Der Aachtopf in Aach, D — 145
Die Wasserfälle von Batöni, SG — 147
Das Martinsloch über Elm, GL/GR — 153
Krauchthals Sandstein-Kathedrale, BE — 165
Der Creux-du-Van über Noiraigue, NE — 166
Die Esche von Peist, GR — 177
Die Venogequelle in L'Isle, VD — 179
Der Caralin-See unter dem Palügletscher, GR — 214
Die «Aarewaage» bei Aarburg, AG — 229

Schlechtwetterausflüge

Die abgeschnittene Hand von Greyerz, FR — 14
Der erste Lächler im Laténium, NE — 26
Die Feengrotte von Saint-Maurice, VS — 37
Frutigens Tropenhaus, BE — 49
Die schwarze Madonna von Uetikon, ZH — 61
Das Ritterhaus zu Bubikon, ZH — 67
Die unterirdischen Mühlen bei Le Locle, NE — 69
Die Arche Noah von Vicques, JU — 80
Der unterirdische See von Saint-Léonard, VS — 82
Das «Runway 34» in Glattbrugg, ZH — 106
Die Glasmalereien im Kloster Muri, AG — 114
Die Höllgrotten nah Baar, ZG — 133

Der Elefant von Murten, FR — 136
Die St. Galler Ringbahn, SG — 158
Der Todesschütze von Hergiswald, LU — 171
Der Plateosaurus von Frick, AG — 191
Verenas Sarkophag in Bad Zurzach, AG — 193
Das Sennentuntschi von Cauco, GR — 208
Der Tresor von Sursee, LU — 212
Die Hühnerguillotine von Sissach, BL — 213
Die Antonius-Kirche in Egg, ZH — 225
Das Beinhaus zu Leuk, VS — 228
Das Magnin-Relief in Genf, GE — 231
Die Taufkapelle von Riva San Vitale, TI — 237
Mittelerde in Jenins, GR — 241

Sprachliches

Der Toggenburger Arsch, SG — 45
Wortwunder Sernf, GL — 78
Samnaun spricht Bairisch, GR — 79
Nouthra Dona di Maortsè in Broc, FR — 79
Das «Gusöteli» über Siebnen, SZ — 127
Der Grabstein von Schloss Hallwyl, AG — 138
Die sprechende Brücke von Hundwil, AR — 139
Die Pantenbrücke – eine Verdoppelung, GL — 157
Auf dem Rücken in Riehen, BS — 160
Zürichs «Fallender Brunnenhof», ZH — 177

Vorzeit

Der erste Lächler im Laténium, NE — 26
Der Dolmen auf dem Kirchhof Oberbipp, BE — 75
Die Steine von Crap Carschenna, GR — 87
Das Alignement von Clendy bei Yverdon, VD — 93
Der Freistein von Attiswil, BE — 127
Die Pierre Pouilleuse von La Praz, VD — 135
Der Erdmannlistein bei Wohlen, AG — 148
Die Dinosaurierspuren von Lommiswil, SO — 149
Die Dinosaurierspuren von La Heutte, BE — 152
Der Stalagmit von Réclère, JU — 190
Der Plateosaurus von Frick, AG — 191
Die Mammutzähne aus Eschenbach, LU — 194
Der Sonnengott von Falera, GR — 206
Die Menhire von Corcelles-près-Concise, VD — 226

Thomas Widmer
Die «Zu Fuss»-Trilogie:

Andacht an der Steilwand

Die Nase des Todes

Die verschwundene Seilbahn

Je 52 Wanderungen durchs ganze Jahr
und alle Regionen des Landes,
mit 52 Karten. 34 Franken, 26 Euro.

ANNABELLE. *Die Kolumnen von Thomas Widmer sind literarische Freiluftprotokolle aus allen Ecken, Enden und Höhen der Schweiz.*
ST. GALLER TAGBLATT. *Wer mit Thomas wandert, spürt, dass dieser ein Genusswanderer ist.*
SCHWEIZER FAMILIE. *Wo Widmer hintrat, füllen sich noch Wochen später Postautos und Bergbeizen.*

Zu Fuss
Andacht an der Steilwand
In 52 Wanderungen durchs Jahr
Thomas Widmer
Echtzeit

Zu Fuss
Die Nase des Todes
In 52 Wanderungen durchs Jahr
Thomas Widmer
Echtzeit

Zu Fuss
Die verschwundene Seilbahn
In 52 Wanderungen durchs Jahr
Thomas Widmer
Echtzeit

THOMAS WIDMER, Jahrgang 1962, studierter Islamwissenschaftler und Arabist. Nach einem Intermezzo als IKRK-Kriegsdolmetscher wurde er Journalist. Er schreibt im TAGES-ANZEIGER über Themen zwischen Kultur und Gesellschaft, Geschichte und Gastronomie, Schweizer Alltagswelt und Politik. Und er hat inzwischen gut 600 Wanderkolumnen verfasst, zu lesen in TAGES-ANZEIGER, BUND und SCHWEIZER FAMILIE.
Thomas Widmer bloggt seit 2010 täglich übers Wandern auf widmerwandertweiter.blogspot.com

2. Auflage, 30. Mai 2016

ISBN 978-3-905800-49-4

Autor: Thomas Widmer
Gestaltung: Müller+Hess, Basel
Bild Schutzumschlag: KEYSTONE
Luftbilder: reproduziert mit Bewilligung von SWISSTOPO (BA160124)
Korrektorat: Birgit Althaler
Druck: CPI – Ebner & Spiegel, Ulm

www.echtzeit.ch